Arbres

Arbres

Texte de Jaromír Pokorný

Illustrations de Vlasta Matoušová
et Milena Konečná

Gründ

Garantie de l'éditeur

Malgré tous les soins apportés à sa fabrication, il est malheureusement possible que cet ouvrage comporte un défaut d'impression ou de façonnage. Dans ce cas, il vous sera échangé sans frais.
Veuillez à cet effet le rapporter au libraire qui vous l'a vendu ou nous écrire à l'adresse ci-dessous en nous précisant la nature du défaut constaté. Dans l'un ou l'autre cas, il sera immédiatement fait droit à votre réclamation.

Librairie Gründ - 60, rue Mazarine - 75006 Paris

Texte original de Jaromír Pokorný
Traduction de Dagmar Doppia
Illustrations de Vlasta Matoušková et Milena Konečná
Silhouettes des arbres dessinées par Jan Mašek
Arrangement graphique par Markéta Tichá
Première édition française 1987 par Librairie Gründ, Paris

ISBN : 2-7000-1818-4

Septième tirage 1999
Imprimé en République tchèque
3/15/17/53-07

Avant-propos

Les plantes vertes ont une aptitude particulière à utiliser chimiquement l'énergie lumineuse. Grâce à la photosynthèse, une partie de l'énergie solaire est retenue et utilisée par la plante elle-même qui, à son tour, nourrit le monde animal et l'homme. Toute vie sur la Terre est donc placée sous la dépendance du règne végétal, dans lequel les arbres occupent une place privilégiée. Les arbres et les forêts aèrent et fortifient le sol, déterminent l'aspect et le climat de vastes étendues. Toutefois, l'importance d'un arbre ne se limite pas au rôle qu'il joue dans son milieu naturel. Le bois que les arbres fournissent à l'homme est, jusqu'à nos jours, d'un grand intérêt économique. On l'utilise en menuiserie, en charpenterie, pour la contruction des maisons, des bateaux, des wagons. Il entre dans la fabrication de divers instruments et machines, et il constitue la matière première de l'industrie du papier et de la cellulose. Nous aurions du mal à envisager la vie de tous les jours sans notre journal habituel ou sans les livres qui ont fait évoluer les civilisations et progresser l'humanité. Il y a des millions d'années, le bois des arbres morts forma d'importants dépôts de houille qui, actuellement, représentent des sources d'énergie considérables. Des centaines et des milliers de générations de forêts ont fertilisé le sol qui est aujourd'hui cultivé. En outre, les arbres dans leur ensemble représentent une source irremplaçable d'oxygène. Ils protègent le surface de la Terre contre l'érosion, influent sur le cycle de l'eau dans la nature et purifient l'atmosphère. En effet, la surface des feuilles retient les poussières, les gaz et des aérosols ainsi que les bactéries véhiculées par ces particules. Par ailleurs, certains arbres exhalent des substances très efficaces appelées phytoncides qui éliminent les bactéries, les insectes et ont un effet bénéfique sur la santé de l'homme. Les arbres modifient également le microclimat: leur ombre est bienfaisante durant la canicule, leur évaporation assure un taux d'humidité dans l'air et diminue ainsi l'effet desséchant des vents. Aujourd'hui encore, nous ne savons pas apprécier à sa juste valeur l'importance des arbres pour l'équilibre psychique et physiologique de l'homme. Toujours est-il que le feuillage verdoyant repose la vue, et que l'on respire et se détend mieux dans l'ambiance aux multiples senteurs, calme et fraîche d'une forêt. Pour tous les bienfaits qu'il prodigue à l'homme, l'arbre mérite qu'on se familiarise avec sa biologie afin de mieux comprendre ses besoins en lumière, humidité et qualité du sol, et lui assurer ainsi les conditions optimales de son développement.

Tige, cime, port de l'arbre

L'arbre est un végétal ligneux qui peut atteindre un âge fort avancé. En général, il forme un tronc droit qui se ramifie à une certaine hauteur pour atteindre au minimum la taille de 5 mètres. Les grands arbres dépassent la taille de 25 mètres; les arbres européens les plus hauts, le Sapin pectiné et l'Épicéa commun, mesurent jusqu'à 60 ou 62 mètres. Les arbres moyens (Aulne blanc, Charme) varient entre 15 et 25 mètres, et les arbres petits (If, Aubépine, Bois de Sainte-Lucie), entre 5 et 15 mètres. Chaque année, leur tronc s'épaissit. On calcule l'épaisseur en mesurant soit le diamètre du tronc, soit sa circonférence à 1,30 m du sol. Les troncs des arbres d'Europe les plus anciens ont une circonférence de 15 mètres, ce qui signifie que leur diamètre est presque de 5 mètres.

Chez les résineux, le tronc est droit jusqu'au sommet; les branches latérales, assez fines, sont presque horizontales ou légèrement ascendantes. Cette forme est propre aux Sapins, aux Épicéas, aux Sapins de Douglas, aux Mélèzes ainsi qu'à la plupart des Pins. Chez les feuillus, le type du tronc excurrent n'apparaît que chez les Aulnes et chez certaines rares espèces à port colonnaire. En général, le tronc des feuillus se ramifie en un système de puissantes branches, tournées vers le haut qui se ramifient à leur tour. On appelle «houppier» cet ensemble de branches et de rameaux, et «port» ou «habitus» la forme générale de l'arbre. L'habitus de l'arbre est souvent si caractéristique qu'un spécialiste peut reconnaître à distance l'espèce à laquelle il appartient. Le Bouleau, par exemple, a une houppe haute, peu serrée aux fins rameaux tombants, l'Aulne se reconnaît à son tronc qui se prolonge depuis le pied jusqu'à la cime, le Tilleul à son houppier large, rond et compact, et le Chêne à ses puissantes branches noueuses. L'environnement influe évidemment sur le port de l'arbre. Un arbre qui pousse isolément n'a pas la même forme qu'un arbre dans une forêt. Un arbre solitaire doit résister au vent, mais reçoit, par contre, la lumière de tous les côtés. Les conifères isolés ont alors des branches latérales bien fournies, plantées pratiquement sur toute la longueur du tronc, de sorte que le centre de gravité se situe dans la partie inférieure de l'ensemble. Le système racinaire est très développé pour que l'arbre puisse affronter le vent. Ses congénères forestiers ont des troncs longs et élancés, coiffés d'un houppier haut placé qui laisse à découvert les deux tiers inférieurs de la tige. Une fois dépouillé de son entourage, un tel arbre ne résiste pas longtemps aux rafales de vent. Chez les feuillus, la situation est analogue: un arbre qui pousse à l'écart, se distingue par un fût court et trapu, par un houppier large et fourni. Les mêmes arbres, regroupés dans une hêtraie ou dans une charmille, ont des tiges plus longues et plus fines qui portent des houppes très hautes.

Écorce, rhytidome, bourgeons

Le tronc est protégé par l'écorce qui se transforme, à partir d'un certain âge, en rhytidome épais. Cette couverture se compose de couches de liber mort ou vivant. Elle protège l'arbre contre les blessures mécaniques et empêche l'évaporation excessive. L'écorce est indispensable plus particulièrement pour la protection du cambium, mince couche du tissu générateur. L'aspect de l'écorce et du rhytidome permet d'identifier de façon infaillible de nombreuses espèces. Les Sapins, par exemple, gardent jusqu'à un âge très avancé une écorce d'un gris argenté, lisse et fine. Les Épicéas ont une écorce brun-rouge qui forme de petites écailles. Le Mélèze et le Pin se reconnaissent à leur rhytidome épais et cannelé. Chez les feuillus, l'écorce permet de distinguer les espèces appartenant à une même famille. Ainsi, par exemple, l'Aulne noir se caractérise par une écorce noirâtre qui, avec l'âge, se fissure par plaquettes, alors que l'Aulne blanc conserve son écorce lisse et grisâtre. On peut distin-

BOURGEONS 1 — Érable sycomore, 2 — Orme, 3 — Noyer; a — bourgeon terminal, b — bourgeon axillaire, c — bourgeon de fleur, d — cicatrice foliaire, e — moelle.

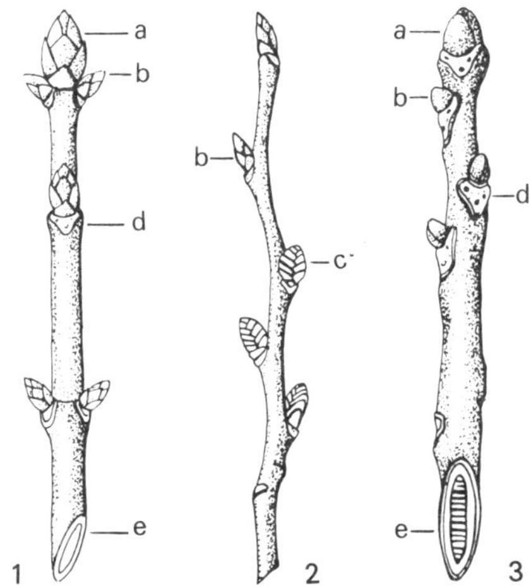

guer les Érables de la même manière: l'Érable sycomore conserve l'écorce lisse pendant de nombreuses années, mais chez les vieux arbres on peut observer le rhytidome qui se décolle par plaques. L'écorce de l'Érable plane est noirâtre et cannelée dans le sens de la longueur. L'écorce du Bouleau est blanche et parcheminée, celle du Hêtre et du Charme lisse et grisâtre, celle du Chêne, enfin, noirâtre et parcourue de profondes cannelures. Les rameaux de certains arbres (Érable champêtre, Orme, Liquidambar) sont souvent liégeux.

Sur les rameaux, on peut observer les bourgeons qui permettent d'identifier certaines espèces, surtout en hiver, après la défoliation. On distingue les bourgeons des jeunes pousses, les bourgeons à feuilles et les bourgeons à fleurs. Souvent, ils sont protégés par des feuilles, transformées en écailles épaissies qui les mettent à l'abri du gel ou du dessèchement. La disposition des bourgeons sur le rameau coïncidant avec celle des feuilles, on arrive à déterminer si l'arbre a des feuilles alternes ou opposées. Les bourgeons se caractérisent par leur taille et forme, éventuellement par leur revêtement résineux, le nombre et la coloration des écailles protectrices. Ainsi, les bourgeons du Saule ou du Platane sont enveloppés d'une seule écaille, ceux du Tilleul en ont deux, alors que le Charme, le Hêtre, l'Orme et bien d'autres arbres encore ont des bourgeons aux écailles multiples. Chez certaines espèces (Robinier, Févier d'Amérique, Sophora du Japon), les bourgeons ne sont pas visibles sur le rameau car ils disparaissent sous la cicatrice foliaire. Parfois, les bourgeons sont dépourvus d'écailles protectrices (bourgeons nus), et les feuilles naissantes sont recouvertes alors d'une enveloppe tomenteuse (Nerprun, Viorne commune). Le Sureau noir a des bourgeons semi-écailleux qui laissent dépasser les pointes des jeunes feuilles. Chez le Platane, c'est la base enflée du pétiole qui abrite les bourgeons. Ceux-ci n'apparaissent qu'en automne, après la défoliation de l'arbre. Souvent, les bourgeons à feuilles diffèrent des bourgeons à fleurs, surtout chez les arbres qui fleurissent tôt au printemps, comme le Cournouiller, la Viorne, le Magnolia et l'Orme.

Sous le bourgeon se trouve la cicatrice foliaire, vestige de l'ancienne feuille.

Elle a souvent une forme et une coloration caractéristiques qui permettent de reconnaître l'espèce. Les Noyers, les Ailantes et les Marronniers communs se distinguent par des cicatrices foliaires particulièrement grandes.

Les rameaux épineux sont également un excellent critère de distinction. Les rameaux de nombreuses espèces (Robinier, Févier d'Amérique, Olivier de Bohême, Argousier, Aubépine) portent des épines. Les branches du Poirier commun, elles aussi, peuvent être épineuses.

Racines et appareil radiculaire

Tout comme la cime, le système radiculaire de chaque espèce se distingue, dans ses grandes lignes, par une forme propre, même si celle-ci est fortement modifiée par le milieu ambiant. Il existe une certaine analogie entre la forme du houppier et celle de l'appareil racinaire. L'eau de pluie glisse sur la cime conique et, en s'égouttant, dessine un grand cercle sur le sol. On constate alors que les radicelles terminales s'étalent précisément sur la circonférence de la cime, à l'endroit où l'humidité du sol est la plus importante. Certaines espèces ont des racines très profondes; chez d'autres, elles se ramifient à l'horizontale, sous la surface du sol. Les racines fasciculées représentent une étape intermédiaire entre les deux systèmes. Les arbres aux racines profondes développent, dès le début de leur croissance, une puissante racine verticale (racine pivotante) qui pénètre en profondeur et donne naissance à des racines latérales beaucoup plus fines. Parmi les arbres dotés d'une racine pivotante, on peut citer le Pin sylvestre, le Genévrier commun, le Chêne rouvre, le Frêne, etc.

D'autres espèces comme l'Épicéa commun, le Pin de Banks, le Sapin de Douglas, le Charme commun et certains Saules, ont des racines superficielles traçantes qui forment un système en forme d'assiette. Ces arbres ne résistent pas au vent ou au poids de la neige en hiver, et se déracinent facilement.

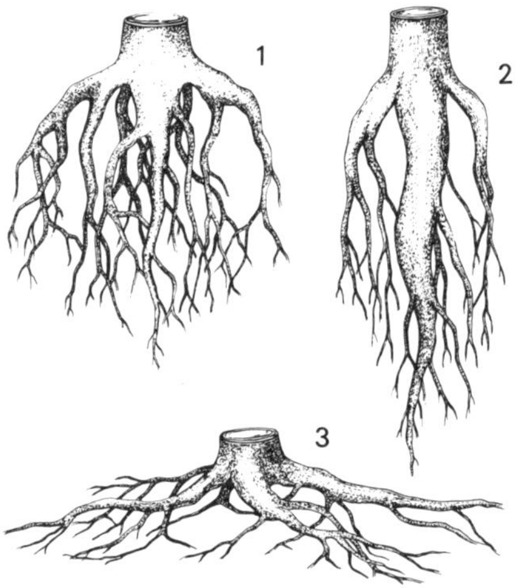

APPAREIL RADICULAIRE
1 — racines fasciculées,
2 — racine pivotante,
3 — racines traçantes.

Le Hêtre, le Mélèze commun, le Tilleul, le Sapin pectiné ou l'Érable sycomore ont des racines fasciculées qui rayonnent obliquement dans le sol, à partir de la base du tronc. Munis d'un tel appareil radiculaire, ces arbres peuvent affronter la tempête ou l'hiver.

La forme des systèmes racinaires est fortement influencée par la nature du sol: les arbres, y compris ceux des espèces aux racines généralement profondes, développent des racines traçantes dans les terrains lourds, argileux ou détrempés. Les racines pénètrent en profondeur dans l'humus ou dans les sols légers et sablonneux, même chez les espèces aux racines superficielles. Les racines ont des fonctions multiples. L'une des plus importantes est d'ancrer l'arbre dans le sol et d'assurer sa stabilité. L'appareil racinaire approvisionne tout le corps de l'arbre en eau et en substances minérales dissoutes, et emmagasine des réserves de matières nutritives indispensables pour son évolution. Les radicelles terminales dont les extrémités se composent de cellules spécialement adaptées à cet effet, sont les organes essentiels pour l'approvisionnement en eau. Certains champignons et bactéries vivant en symbiose avec l'arbre, lui procurent d'importantes matières nutritives. L'Aulne, l'Olivier de Bohême, le Robinier, et bien d'autres arbres appartenant à la famille des légumineuses, vivent en symbiose avec des bactéries fixatrices d'azote atmosphérique qui leur fournissent tous les nitrates nécessaires pour leur croissance, et enrichissent en même temps le sol. On rencontre aussi fréquemment des mycorhizes qui se présentent de deux façons : le champignon peut soit former une gaine autour des racines, soit pénétrer directement dans les tissus de l'écorce. Les champignons procurent à l'arbre l'eau et les matières minérales vitales, et l'arbre lui fournit en échange d'autres substances, surtout des glucides. On sait que des champignons poussent à proximité de certains arbres. Ainsi, par exemple, les bolets «rudes» poussent au pied des Charmes et autres feuillus, les cèpes des Épicéas, des Chênes ou des Hêtres et les bolets granulés ou «nonnettes» des Pins.

Feuilles

Les feuilles jouent un rôle essentiel dans la photosynthèse et dans le processus de transpiration des arbres. Leur forme connaît une grande diversité ce qui permet d'identifier à quelle espèce d'arbre elles appartiennent. Les résineux ont un feuillage composé de feuilles aciculaires. Elles sont étroites, rigides, on les appelle communément «aiguilles». Chez la plupart des résineux, le feuillage est persistant, ce qui signifie que la défoliation se fait progressivement, durant une période qui varie entre deux et dix ans. Les résineux peuplent les régions septentrionales et les chaînes de montagnes au climat rude, froid et ayant une bonne saison brève. Le feuillage semper virens commence à assimiler dès les premiers jours de réchauffement, et l'arbre économise ainsi la consommation de matières nutritives pour le renouvellement annuel de ses feuilles.

Les feuillus d'Europe centrale et septentrionale ont, dans la plupart des cas, un feuillage caduc : la défoliation a donc lieu chaque année, avant la venue de l'hiver, et la feuillaison au printemps suivant. La feuille verte est un organe

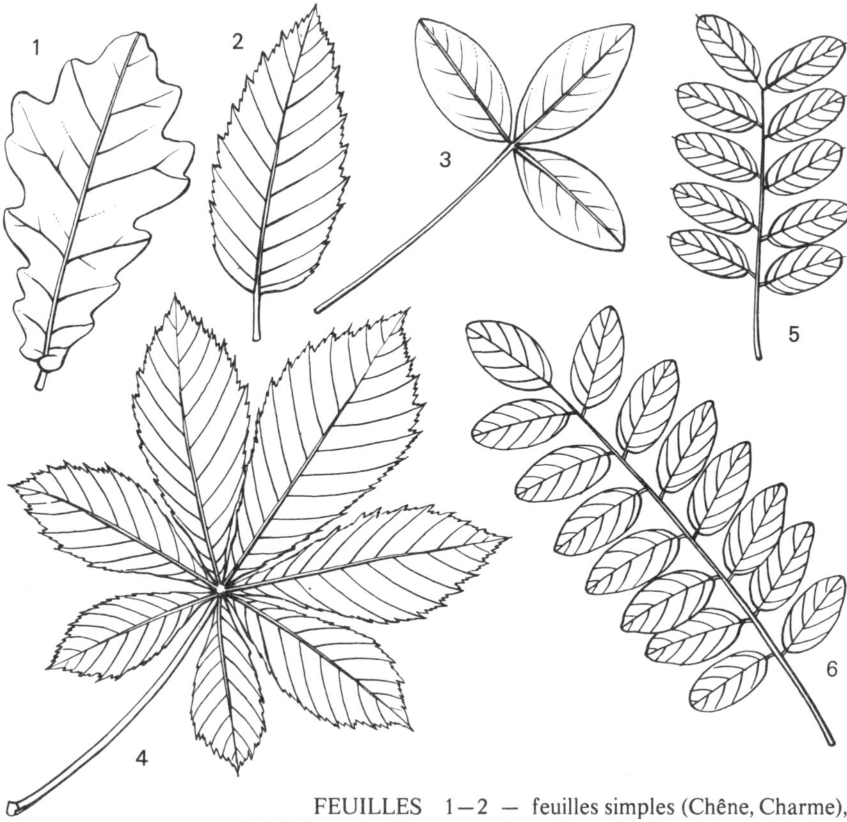

FEUILLES 1—2 — feuilles simples (Chêne, Charme), 3, 4, 5, 6 — feuilles composées: 3 — feuille tripartite (Cytise), 4 — feuille palmée (Marronnier commun), 5 — feuille paripennée (Caragan), 6 — feuille imparipennée (Robinier).

très important pour la photosynthèse, réaction biochimique, à laquelle participe l'oxyde carbonique, contenu dans l'atmosphère, tout comme l'eau que les racines puisent dans le sol et qui véhicule des substances minérales diverses. La photosynthèse produit des molécules organiques glucidiques. Certaines de ces molécules sont polymérisées en glucides de masse molaire élevée (amidon) qui se décomposent en substances plus simples, des glucides solubles, essentielles pour la croissance de la plante. L'un des résultats de la photosynthèse est l'oxygène que le feuillage libère dans l'air, créant ainsi les conditions indispensables à la vie sur terre.

Les limbes des feuilles aux nombreux stomates permettent l'évaporation du trop-plein d'eau. On appelle ce phénomène transpiration. Pour régulariser la quantité d'eau évaporée, la plante ouvre ou referme les stomates; éventuellement, elle replie totalement la feuille ou l'écarte du soleil.

La feuille se compose du limbe, des nervures et du pétiole, parfois de folioles. Le pétiole qui rattache la feuille au rameau permet les mouvements complexes des feuilles et la disposition en mosaïque rationnelle des limbes dans l'ensemble du houppier. On appelle «simples» les feuilles qui n'ont qu'un limbe (celles du Tilleul), et «composées» celles qui ont plusieurs folioles (Robinier). Les feuilles simples ont des formes très variées: on distingue les feuilles linéaires, lancéolées, arrondies, ovales, spatulées, en forme de cœur, lobées ou palmées.

Les feuilles composées sont palmées ou pennées. Le limbe des feuilles palmées se divise en plusieurs folioles à partir du pétiole. Les feuilles palmées comptent trois, cinq, sept folioles et même davantage. Les feuilles pennées ont des folioles opposées, disposées de part et d'autre de la nervure principale (rachis). On distingue alors des feuilles imparipennées, au nombre impair de folioles (Robinier, Frêne), et paripennées, au nombre pair de folioles (Caragan.)

La base du limbe peut être en pointe (Chêne rouvre), arrondie (Poirier), cordée (Tilleul), auriculée (Chêne pédonculé). Le limbe peut avoir l'apex pointu (Bouleau), acuminé (Peuplier noir) ou arrondi et même encoché (Aulne noir). Le bord des feuilles est entier (Cornouiller), ondulé (Saule marsault), denté (Cerisier), doublement denté (Aulne blanc) ou lobé (Chêne). La disposition de la nervation est également caractéristique de certaines espèces. La nervure médiane bien apparente de la plupart des feuilles donne naissance aux nervures secondaires qui partent de part et d'autre, et qui se ramifient à leur tour en nervures tertiaires. La nervure médiane partage le limbe en deux parties symétriques, mais chez certaines espèces, ces deux moitiés ne sont pas identiques, surtout près de la base. Telles sont, par exemple, les feuilles du Micocoulier ou de l'Orme. Les feuilles d'Érable ou de Platane ont trois à neuf nervures qui se ramifient depuis la base du limbe.

La majeure partie des espèces feuillues d'Europe est formée d'arbres décidus. Après la défoliation, les matières organiques se concentrent dans la tige et dans les racines. La décomposition de la chlorophylle provoque un déséquilibre de pigments, entraînant un changement de couleur, grâce à la prédominance des caroténoïdes et des antocyanes. Le feuillage automnal de certains arbres a une teinte caractéristique: ainsi, les Bouleaux, les Peupliers et les Frênes sont rouges, ainsi que le Chêne rouge, comme son nom l'indique. Le Sumac de Virginie et le Liquidambar sont d'un beau rouge pourpre. En automne, une couche de liège se forme entre le pétiole et le rameau: elle interrompt les vaisseaux d'approvisionnement de la feuille en eau. Les feuilles tombent et une bonne partie des matières minérales retournent ainsi au sol, d'où l'arbre les repuisera pendant la prochaine période végétative.

Fleurs

La fleur d'une plante supérieure est une pousse porteuse de feuilles modifiée, contenant les organes reproducteurs. La fécondation se produit au moment de la fusion de la cellule reproductrice mâle avec la cellule femelle. Ces cellules reproductrices se développent dans les fleurs ou cônes, simples ou regroupés en inflorescences. Une fleur complète comprend quatre verticilles ou séries de pièces analogues: le calice, la corolle, l'androcée (étamines) et le

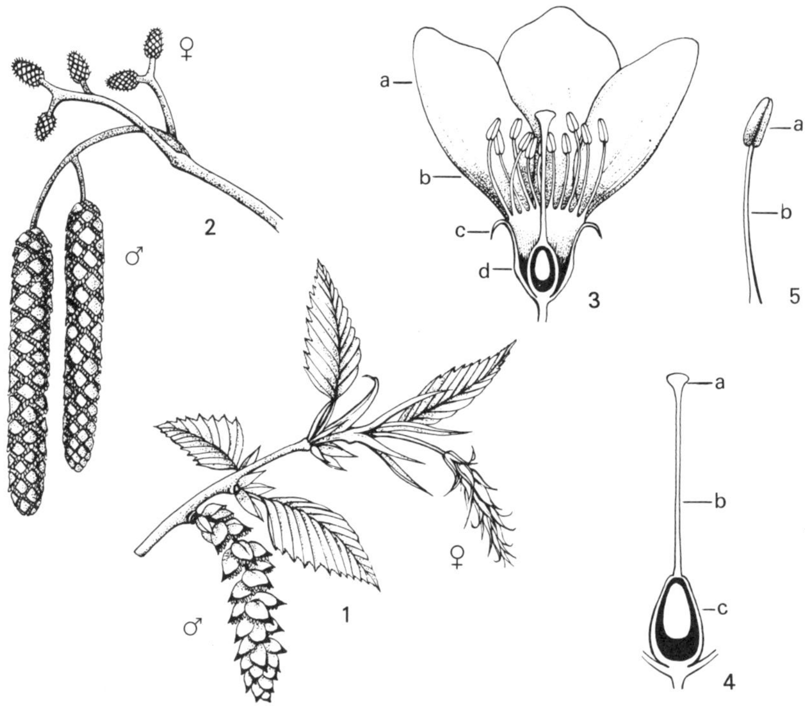

FLEURS
1 — fleurs mâles et femelles du Charme), 2 — fleurs mâles et femelles de l'Aulne,
3 — fleur bissexuée du Cerisier (a — corolle, b — étamines, c — calice, d — pistil)
4 — parties du pistil (a — stigmate, b — style, c — ovaire),
5 — parties de l'étamine (a — anthère, b — filet).

gynécée (pistil). L'androcée est formé par les étamines, c'est l'organe mâle qui répand le pollen. Les étamines sont composées chacune d'un filet qui supporte l'anthère. Le gynécée ou pistil est l'organe femelle de la plupart des feuillus. Il se compose d'un ovaire contenant les ovules, d'un style effilé et d'un stigmate visqueux qui retient les graines de pollen. Les ovules des résineux sont logés à la base de l'écaille ovulifère (organe femelle), renforcée et protégée par la bractée. On appelle donc «gymnospermes» les résineux et «angiospermes» les feuillus, ces termes étant dérivés du grec *gymnos* qui signifie nu, *aggeion* signifiant capsule, enveloppe et *sperma* signifiant semence.

Lorsque la fleur contient à la fois les organes mâles et femelles, on parle d'une fleur hermaphrodite ou bisexuelle. C'est le cas de la plupart des angiospermes (Tilleul, Cerisier, Robinier, etc.). Si l'androcée ou le gynécée lui font défaut, on a des fleurs unisexuées, mâles ou femelles (résineux, Bouleau, Aulne, Chêne, etc.). L'espèce est dite monoïque si le même pied porte des fleurs des deux sexes (Épicéa, Bouleau, Aulne), et dioïque s'il ne porte que des fleurs mâles ou femelles (Saule, Peuplier, If, Genévrier).

Contrairement aux autres plantes, les arbres comportent des fleurs discrètes. Les fleurs des plantes anémophiles sont souvent dépourvues de corolles car la pollinisation se fait grâce au vent. Par contre, lorsque la pollinisation se fait par les insectes, les pétales se distinguent par une coloration attrayante. La période de floraison correspond d'ailleurs aux différents modes de pollinisation : les plantes anémophiles (Aulne, Bouleau, Peuplier, Charme) fleurissent tôt au printemps pour permettre aux graines de pollen de se déposer sur les stigmates, avant que la feuillaison ne commence. Les fleurs dont le pollen est transporté par les insectes (Cerisier, Tilleul, Robinier) fleurissent plus tard, au moment où les branches sont déjà couvertes de feuilles.

Les arbres ont rarement des fleurs isolées. Elles sont le plus souvent regroupées dans les inflorescences, telles que grappe, épi, cyme, ombelle et d'autres.

Les graines et leur dissémination

La fécondation a lieu lorsque le vent ou les insectes déposent la graine de pollen sur le stigmate du pistil. Contrairement aux gymnospermes, les ovules des angiospermes sont enfermés dans l'ovaire, de sorte que le pollen ne peut pas les atteindre directement, mais doit traverser le stigmate et le style. Lorsque la fécondation a lieu, l'ovule mûrit et se transforme en semence. Le pistil des angiospermes devient alors le fruit qui abrite une ou plusieurs graines. On classe les fruits selon le mode de dissémination des graines, en fruits déhiscents et indéhiscents, ou selon l'aspect du péricarpe, en fruits charnus ou secs. On distingue également un groupe de fruits dérivés, issus, après la fécondation, de la croissance d'organes floraux autres que le pistil. Les principaux types de fruits des angiospermes sont l'akène, la noix, la noisette, la gousse, la capsule, la drupe, la baie, la silique.

Avant de donner des fruits, l'arbre a dû emmagasiner en lui une quantité considérable de matières nutritives. L'importance de la récolte est déterminée également par un cycle : les arbres dont les graines sont grosses (Chêne, Hêtre, Noyer) donnent des récoltes plus riches tous les quatre ou huit ans. Dans les régions montagneuses ou septentrionales, les récoltes abondantes sont encore plus espacées.

L'arbre commence à porter des fruits à partir d'un certain âge qui varie suivant l'espèce. Le moment de la fécondité peut être précoce ou tardif suivant l'écosystème de l'arbre: les arbres plantés en groupe donnent des fruits dix à quinze ans plus tard que les arbres isolés du même âge.

Certaines espèces comme, par exemple, le Bouleau, l'Aulne, le Mélèze et le Peuplier, commencent à donner des fruits assez tôt, vers dix ans. Le Pin, le Sapin de Douglas, l'Érable et le Châtaignier donnent leurs fruits entre vingt et trente ans, l'Épicéa et le Chêne à quarante ans et le Sapin, le Hêtre et le Pin cembro à cinquante ans.

Les graines doivent se répandre et tomber sur un sol fertile pour pouvoir germer et reproduire un nouvel individu. Pour cela, elles sont munies de différents dispositifs ingénieux qui leur permettent de survoler des distances plus ou moins grandes. Dans la plupart des cas, la dissémination se fait par le vent. Les graines sont dotées alors d'aigrettes (Saule, Peuplier), d'ailes (Bou-

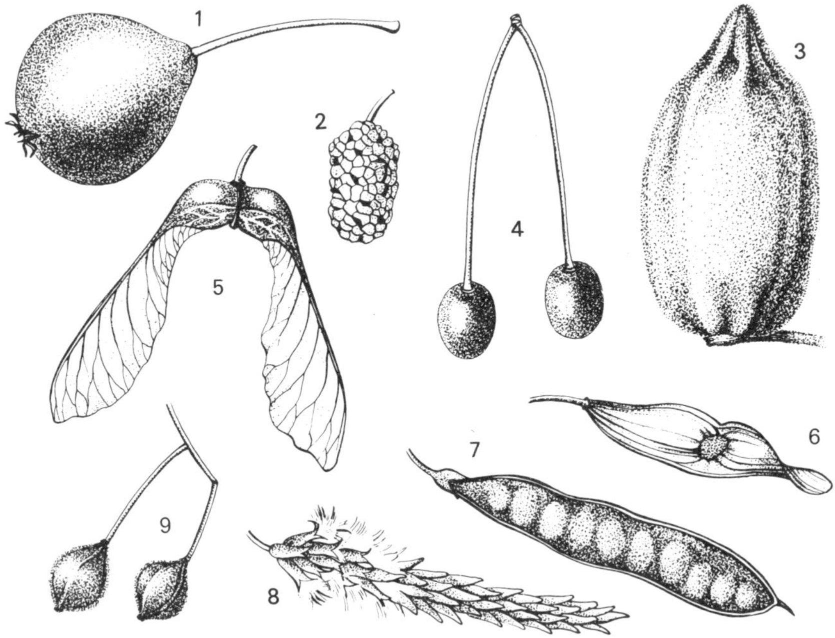

FRUITS 1 — poire, 2 — mûre, 3 Noix du Noyer cendré, 4 — cerises,
5 — disamare ailée de l'Érable, 6 — samare ailée de l'Ailante,
7 — gousse du Robinier, 8 — capsules du Saule, 9 — fruits du Tilleul.

leau, Épicéa, Pin, Orme) ou bractées (Érable, Tilleul, Charme) qui les aident à tomber suffisamment loin de leur arbre d'origine. D'autres graines sont disséminées par les oiseaux ou par les mammifères. Il s'agit surtout des graines contenues dans des fruits comestibles de couleur attrayante (If, Sorbier, Merisier) que les animaux dévorent et répandent par leurs excréments. Les graines de certains arbres servent directement de nourriture aux animaux (Chêne, Hêtre, Châtaignier). En les mangeant, ceux-ci les détruisent mais en préservent tout de même une partie, en les égarant ou en les enfouissant pour se constituer des réserves. L'histoire de la forêt prouve que ce type de dissémination est très efficace. Après la dernière glaciation les premiers arbres qui apparurent sur les étendues libérées par les glaciers, furent le Bouleau et le Pin dont les semences furent disséminées par le vent. Aussitôt après, apparurent le Chêne et le Noisetier aux grosses graines répandues par les animaux.

Croissance et âge de l'arbre

On pourrait représenter la croissance de l'arbre par une courbe, légèrement ascendante d'abord, puis brusquement montante jusqu'à un point culminant où elle se transforme en une ligne pratiquement horizontale. Si l'arbre cesse de croître, il continue néanmoins à s'épaissir jusqu'à sa mort.

On peut classer les arbres en trois groupes, suivant la rapidité de leur croissance: les espèces qui poussent très vite, celles qui poussent à une vitesse moyenne et celles qui poussent lentement. L'âge auquel culmine la vitesse de croissance est le critère qui permet de distinguer s'il s'agit d'une espèce qui pousse rapidement ou non. La vitesse de croissance atteint son apogée très tôt chez les espèces à la croissance rapide (entre la cinquième et la dixième année pour le Bouleau, le Peuplier, l'Aulne), à un âge un peu plus avancé pour les arbres qui poussent plus lentement (à vingt ans pour le Pin, le Frêne, l'Érable, le Chêne), et tard chez ceux qui grandissent lentement (après quarante ans pour l'Épicéa, le Sapin, le Hêtre, le Pin cembro). Les espèces appartenant à cette dernière catégorie continuent, en outre, à grandir jusqu'à un âge fort avancé. Ainsi, le Sapin pectiné et l'Épicéa commun qui sont les plus hauts arbres européens, peuvent dépasser 60 mètres dans leurs peuplements naturels. Sur les continents américain et australien, poussent des espèces encore bien plus hautes: le célèbre Séquoia géant *(Sequoiadendron giganteum)* atteint la taille de 100 mètres et un diamètre de 8 à 9 mètres. D'autres espèces, moins spectaculaires, comme le Séquoia toujours vert, le Sapin de Douglas, le Sapin argenté, le Sapin de Vancouver atteignent 90 mètres. Les plus grands arbres du monde appartiennent à des espèces d'Eucalyptus australiens qui mesurent jusqu'à 150 mètres.

La période de l'année pendant laquelle grandissent les arbres des zones tempérées est relativement brève. Elle commence avec l'apparition des bourgeons au printemps, dure quatre à cinq semaines, et s'achève avec le développement du nouveau bourgeon terminal. Le Pin, l'Épicéa, le Sapin, le Chêne et le Frêne grandissent de cette façon. Mais il existe des espèces qui poussent chaque année pendant trois à quatre mois. Il s'agit, par exemple, du Peuplier, de l'Aulne, du Bouleau, du Mélèze ou du Métaséquoia.

L'accroissement en épaisseur dure, en général, toute la saison végétative. Le tissu générateur appellé cambium produit des couches de bois hétérogènes, le bois de printemps et le bois d'été, qui n'ont pas la même consistance et qui forment à la coupe transversale du tronc un anneau bien net. En comptant ces cernes sur les souches, il est possible de connaître l'âge des arbres abattus. La largeur du cerne dépend des conditions climatiques: si l'année était belle, l'anneau est bien large, par contre si le temps était mauvais, l'anneau est mince. Une discipline scientifique, la dendrochronologie, étudie la dépendance entre l'épaisseur de l'anneau de croissance et les conditions climatiques afin d'en connaître l'évolution au cours des siècles passés.

La longévité de l'espèce détermine l'épaisseur finale du tronc. Les arbres dont l'existence est brève, ont des tiges bien plus minces que les arbres qui vivent longtemps. De manière générale, les arbres qui poussent rapidement au cours des premières années, et qui jouissent d'une bonne exposition au soleil, vieillissent et meurent assez tôt. C'est le cas du Saule marsault, du Peuplier tremble, du Sorbier et du Bouleau qui ne vivent pas au-delà de cent cinquante ans. L'Aulne, le Charme, le Peuplier noir, le Pin et le Mélèze ont une longévité moyenne qui varie entre deux cents et trois cents ans. Le Hêtre, L'Érable sycomore et l'Orme vivent jusqu'à cinq cents ans, l'Épicéa et le Sapin jusqu'à cinq cents à sept cents ans. En Europe occidentale et centrale, les «vétérans» parmi les espèces indigènes sont incontestablement les Tilleuls, les Ifs et les Chênes qui atteignent fréquemment mille ans. Dans les régions méditerranéennes poussent les Cèdres, les Platanes et les Marronniers dont l'âge dépasse deux mille ans.

La longévité de certaines espèces ligneuses du continent américain est encore bien plus grande: les Séquoias de Californie vivent jusqu'à trois mille cinq cents ans. Dans le Nevada, on a découvert, dans les montagnes Rocheuses, un peuplement de Pins à cône épineux, *Pinus aristata* Engelm., dont certains troncs comptaient plus de quatre mille deux cents anneaux.

Taxonomie et nomenclature

La taxonomie est une discipline de la biologie qui s'intéresse à la variabilité et aux origines des espèces, à leurs analogies, leurs parentés et à leur classification dans les unités supérieures hiérarchisées, appellées taxons qui sont le genre, la famille, l'ordre et d'autres. La taxonomie subdivise également l'espèce en unités inférieures telles que la sous-espèce (ssp. en abrégé) ou la variété (var.). Dans la nomenclature botanique, chaque espèce est désignée par un double nom latin dont le premier signifie le genre *(genus)* et le second l'espèce *(species)*. Cette dénomination est généralement suivie de l'abréviation du nom du botaniste qui fut le premier à décrire l'espèce. Ainsi, *Juniperus communis*, L. est le nom scientifique qui désigne le Genévrier commun. Le L. est une abréviation de Linnaeus, le nom latinisé de Carl von Linné, illustre botaniste suédois qui fut le premier à publier le nom et la description de la plante. En dehors des variétés qui se créent spontanément dans la nature, il existe aujourd'hui beaucoup de cultivars (cv.), créés artificiellement pour la qualité de leur bois ou pour leur valeur ornementale.

Répartition naturelle des arbres et aperçu de leurs exigences climatiques

Chaque espèce ligneuse occupe un territoire qui est son habitat d'origine et où elle pousse de façon naturelle. On appelle cette zone son aire d'extension. La superficie de l'aire d'extension varie d'une espèce à l'autre. Certains arbres forment des forêts naturelles dans presque toute l'Europe, d'autres se cantonnent uniquement dans les régions méridionales, d'autres encore se limitent à un territoire précis de quelques milliers de kilomètres carrés. Les espèces dont l'aire d'extension est très limitée sont généralement des vestiges d'une époque très reculée où elles abondaient et où une catastrophe géologique ou un changement climatique les firent régresser. On les considère alors comme des « fossiles » vivants du tertiaire, de la période glaciaire, etc.

On appelle cosmopolites les arbres ayant une vaste aire d'extension. Ils n'ont pas d'exigences climatiques particulières, et supportent aussi bien le gel que la canicule. Le Bouleau verruqueux, le Pin sylvestre, le Genévrier commun correspondent à ces caractéristiques. D'autres arbres, concentrés, par exemple, dans le sud de l'Europe, sont si sensibles aux baisses de température qu'ils ne peuvent pas se répandre dans les régions plus froides (le Chêne

Abies alba (p. 28)

Picea abies (p. 36)

chevelu, le Marronnier). D'autres espèces encore, comme le Charme commun ou le Hêtre commun, ont besoin d'un climat maritime doux et humide et ne peuvent guère s'adapter aux étés torrides et aux hivers glacials du climat continental.

Quand on désire introduire et cultiver un arbre dans un nouveau milieu, il faut procéder à une étude préalable de son écosystème d'origine. Ainsi, on saura si un climat maritime ou continental lui convient, s'il préfère les vallées humides et les bassins de rivières ou bien les versants secs, exposés au soleil. Ces renseignements sont extrêmement utiles, surtout lorsqu'il s'agit de l'implantation des bois exotiques.

La zone d'extension d'un arbre n'est pas délimitée au point que celui-ci ne puisse pas subsister en dehors de ses frontières. Il ne faut pas oublier que la répartition géographique actuelle des espèces ligneuses a été déterminée par

Larix decidua (p. 42)

Pinus sylvestris (p. 52)

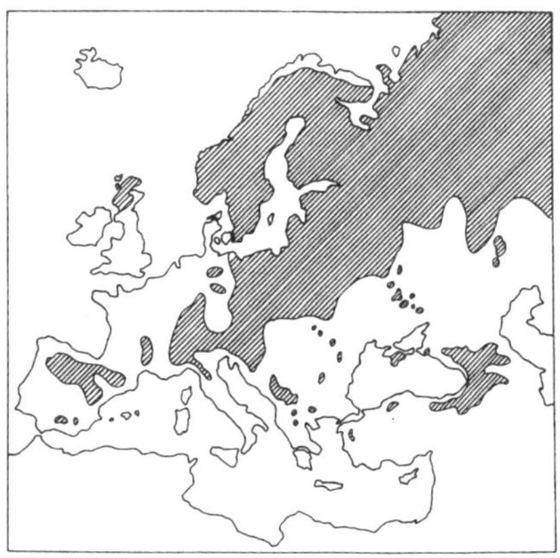

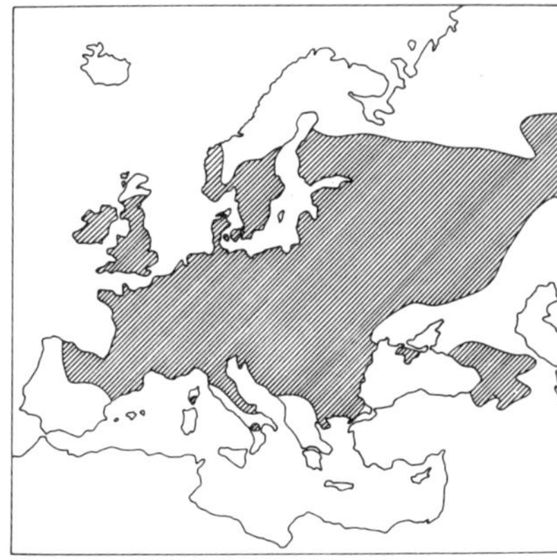

Pinus nigra (p. 54)

Tilia cordata (p. 130)

la dernière glaciation. Les glaciers recouvraient une bonne partie de l'Europe, jadis verdoyante, et toute la végétation s'était retranchée dans les régions méridionales. Après le recul des glaciers, les plantes se mirent à reconquérir l'espace libéré, et s'étendirent vers le nord. Toutefois de nombreuses espèces comme le Pin noir ou le Châtaignier commun ne réapparurent plus jamais dans leurs habitats d'origine bien que les conditions climatiques soient redevenues favorables. Elles se sont heurtées à la barrière des Alpes et des Carpates qui parcourt l'Europe de l'ouest à l'est. Elles n'ont pas réussi à franchir cet obstacle naturel et leur aire d'extension occupe désormais les régions du sud bien qu'elles puissent s'adapter aux conditions climatiques des régions septentrionales. Lorsqu'il s'agit d'introduire ces arbres sous des climats plus rudes, il faut choisir soigneusement un emplacement abrité et ensoleillé, de préférence sur des substrats calcaires, basaltiques ou andésitiques.

Tilia tomentosa (p. 132)

Acer platanoides (p. 138)

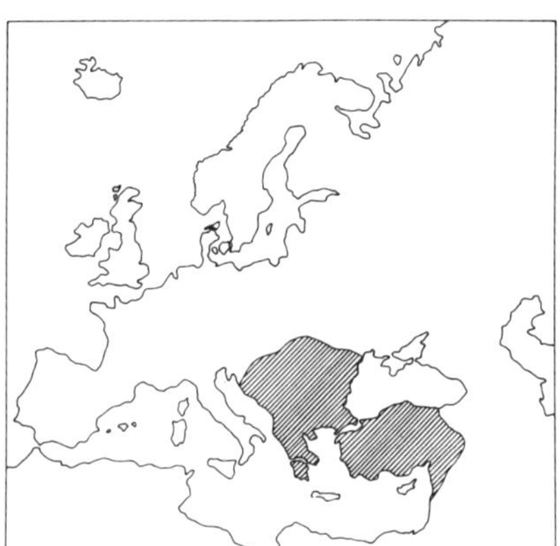

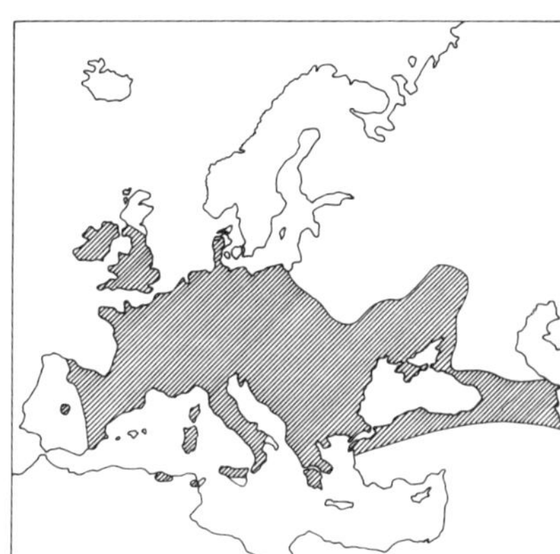

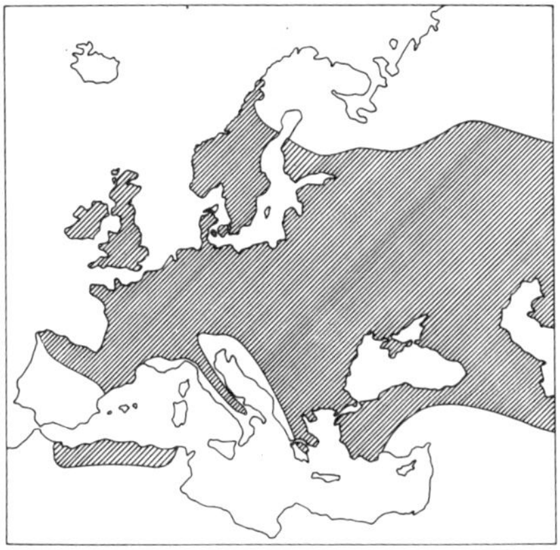

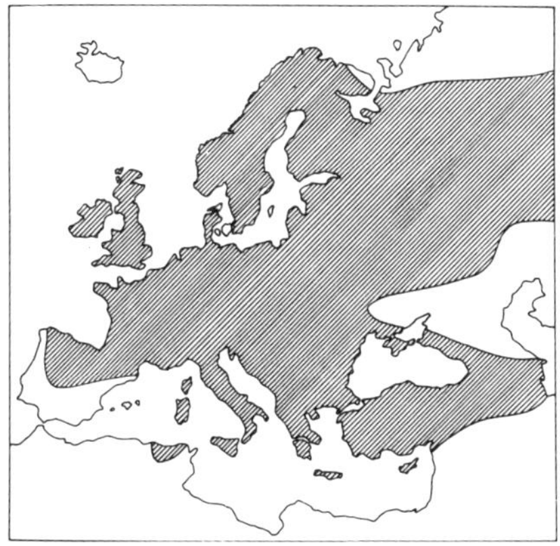

Ulmus glabra (p. 154)

Populus tremula (p. 168)

Expansion des arbres à l'époque postglaciaire et survol de l'histoire de la forêt

Les paysages forestiers d'aujourd'hui et la répartition des arbres sont le résultat d'une longue évolution que subit la végétation sur la Terre. Nous pouvons nous rendre compte de certaines étapes de cette évolution grâce aux empreintes fossilisées, aux gisements de houille disposés dans les différentes couches géologiques ou grâce à l'analyse pollinique. Le nombre et la répartition des graines de pollen qu'on trouve à travers toute l'Europe dans les couches de tourbe d'âges différents, nous renseignent, en effet, sur la densité et la composition de la couverture végétale formée depuis des millénaires.

La dernière glaciation qui s'est achevée il y a à peu près onze mille ans, fit reculer la riche végétation de l'Europe septentrionale, occidentale et centrale.

Betula pendula (p. 180)

Carpinus betulus (p. 190)

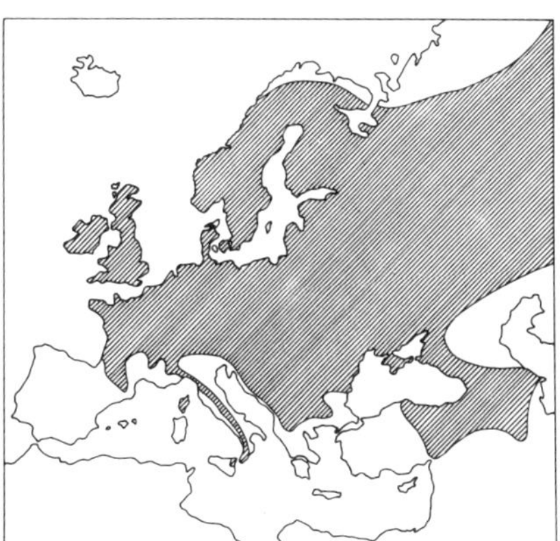

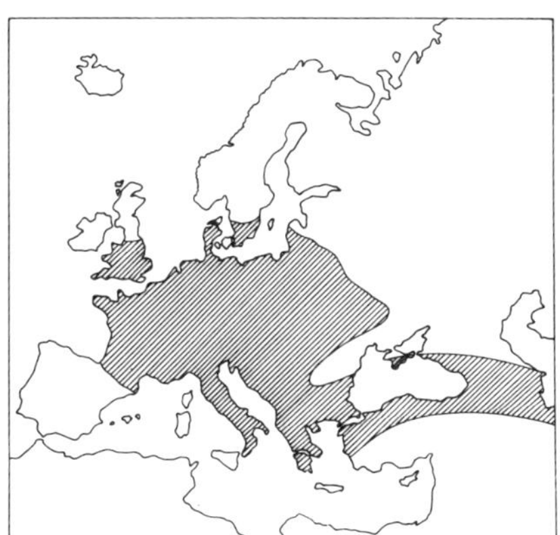

Fagus sylvatica (p. 192)

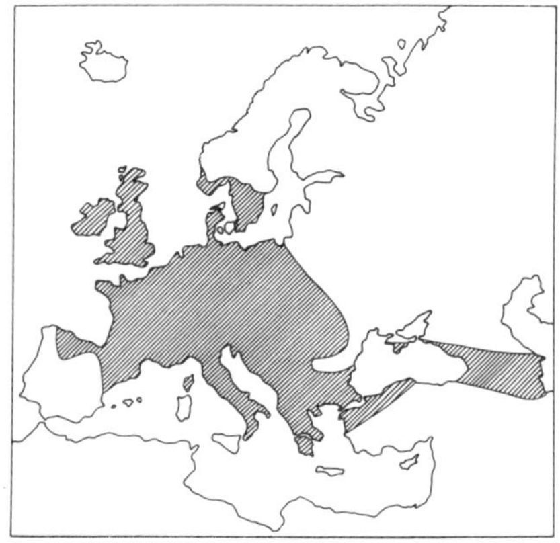

Quercus petraea (p. 200)

Tout le nord de l'Europe fut recouvert d'un épais carcan de glace, jusqu'à la latitude de la République tchèque actuelle. Plus au sud, s'étendait la toundra avec des mousses, des lichens et des arbustes chétifs et tourmentés. Pas un seul arbre ne subsistait dans ce paysage désolé. Après la fonte des glaces, le premier arbre qui reparut sur le sol libéré fut le Pin sylvestre. Il fut suivi, par endroits, de Bouleaux, de Peupliers trembles et de certains Saules.

Au mésolithique, le climat se radoucit considérablement. Le début de l'ère dite du Pin et du Noisetier coïncide avec cette période. Le Noisetier était alors aussi fréquent que le Pin et montait jusqu'à une altitude de 1000 mètres, beaucoup plus haut qu'aujourd'hui. A de faibles altitudes poussait une forêt mixte, composée de Chênes, de Tilleuls, de Charmes et d'Ormes. A l'époque du néolithique, commença l'ère des forêts mixtes de Chênes et d'Épicéas. Les chênaies agrémentées d'Ormes, d'Érables et de Tilleuls apparurent jusqu'à une altitude de 800 mètres. Le Pin se maintint sur des sols pauvres. L'Épicéa commun s'implanta, en Europe centrale, à des altitudes plus élevées et dans des endroits humides, mêlé sur les sols détrempés aux Aulnes noirs *(Alnus glutinosa).*

A l'âge du bronze et du fer, les Hêtres et les Sapins se répandirent massivement en Europe centrale; le Hêtre pénétra jusqu'en Scandinavie. L'Épicéa se maintint à l'étage alpin. Les Sapins et les Hêtres occupèrent les versants des montagnes et des collines jusqu'à une altitude moyenne, et la forêt mixte à prédominance de Chêne s'imposa dans les plaines. La forêt de résineux composée surtout de Pins et d'Épicéas, avança plus au nord, en Scandinavie et dans le nord-est de l'Europe. Une grande forêt dans laquelle prédominaient les conifères (l'Épicéa commun, le Sapin) occupait le centre de l'Europe, depuis la Forêt-Noire jusqu'à la Bohême. Telle fut la distribution des peuplements naturels en Europe, au début des temps historiques.

Depuis l'Antiquité, et surtout au Moyen Age, l'homme intervint dans la disposition et dans la composition des forêts. Entre le Xe et XIIIe siècle, on défrichait massivement les régions boisées, surtout en Europe occidentale et centrale. Les hommes s'installaient sur les terres en friche et faisaient reculer

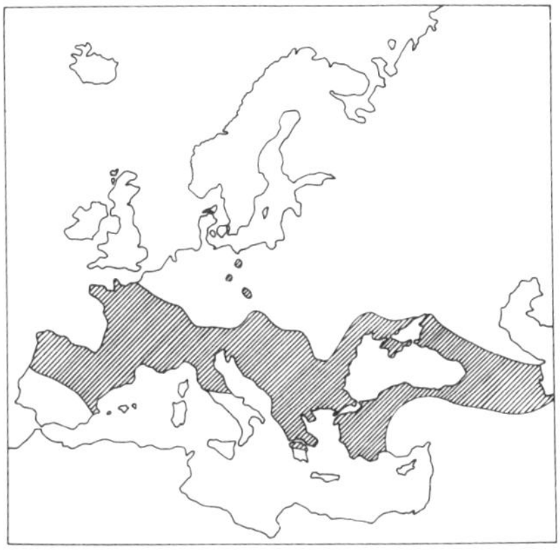

Quercus pubescens (p. 202) *Fraxinus excelsior* (p. 212)

la forêt continue au profit de la terre labourée. La superficie globale des forêts diminua alors de 30 à 50 % dans toutes les régions, à l'exception des montagnes. La population augmentait, on ouvrait des mines, des forges, des briqueteries, des verreries, des brasseries et des fours à chaux. La consommation du bois et du charbon de bois augmentait constamment, et jusqu'au XVIIIe siècle (dans certains pays jusqu'au XIXe siècle), on ne connaissait pratiquement pas d'autre combustible. Le bois était, par ailleurs, le matériau de base de la construction et de la menuiserie. On l'utilisait pour la fabrication de meubles, de vaisselle, de divers outils et ustensiles. Il n'est donc pas étonnant qu'au XVIIIe siècle, en Europe, on ait commencé à manquer de bois. A cause de cette première crise énergétique, on édicta les premières lois visant la protection et la gestion des forêts, on ouvrit les premières écoles de sylviculture et on élabora les premiers plans d'exploitation rationnelle des forêts.

Afin d'assurer le renouvellement des forêts, les sylviculteurs reboisaient à l'aide de jeunes plants qu'il avaient fait germer artificiellement. A partir du XIXe siècle, grâce au charbon, on cessa d'utiliser uniquement le bois comme combustible, pour s'en servir désormais comme bois d'œuvre. A cette époque, on plantait surtout des Pins et des Épicéas pour le bois d'œuvre, car ils produisent une plus grande quantité de bois que les feuillus.

Introduction d'arbres exotiques

Depuis toujours, l'homme modifie la nature, intervient dans ses processus en essayant de les utiliser à son profit. Il s'est mis à domestiquer et élever les animaux sauvages, à cultiver certaines plantes. Pendant ses migrations, il les emmenait et les replantait. Au début, il ne s'agissait que des espèces assurant sa subsistance. Ainsi, les peuples de l'Antiquité, installés dans les régions méditerranéennes, cultivaient couramment les Oliviers, les Noyers et les Amandiers dont nous ignorons aujourd'hui la provenance exacte. Les Grecs et les Romains étendirent plus au nord la culture du Noyer et du Châtaignier. Au Moyen Age, les moines et les croisés rapportèrent du Proche-Orient beaucoup d'arbres fruitiers ou d'ornement. A partir de la fin du Moyen Age, les nobles entouraient leurs châteaux de jardins et de parcs, et l'introduction d'arbres rares et exotiques devint une mode.

Les premières espèces implantées provenaient des pourtours de la Méditerranée. Outre les arbres fruitiers, on commença, vers 1600, à cultiver dans les parcs européens les premiers arbres d'ornement venus des régions de la Méditerranée et de l'Asie Mineure. Il s'agissait plus particulièrement du Marronnier commun *(Aesculus hippocastanum)* — 1576, de la Ketmie des jardins *(Hibiscus syriacus)* — 1600, du Cèdre du Liban *(Cedrus libani)* — 1638, du Pin maritime *(Pinus pinaster)* — 1660 et de bien d'autres arbres.

Au fur et à mesure que l'homme progressait dans sa conquête de l'Amérique du Nord, les jardins et les parcs européens s'enrichissaient des espèces américaines, de résineux: le Thuya *(Thuya occidentalis)* — 1536, le Cyprès de Louisiane *(Taxodium distichum)* — 1640, le Pin de Weymouth *(Pinus strobus)* — 1705, le Tsuga du Canada *(Tsuga canadensis)* — 1736, ainsi que de feuillus: le Robinier *(Robinia pseudoacacia)* — 1635, l'Érable negundo *(Acer negundo)* — 1688, le Noyer noir *(Juglans nigra)* — 1686, le Tulipier de Virginie *(Liriodendron tulipifera)* — 1663, l'Érable argenté *(Acer saccharinum)* — 1725, le Catalpa commun *(Catalpa bignonioides)* — 1726, etc.

Lorsqu'on atteignit, beaucoup plus tard, la côte du Pacifique de l'Amérique du Nord, l'Europe découvrit, au XIXe siècle, de nombreuses espèces intéressantes comme, par exemple, le Sapin de Douglas *(Pseudotsuga menziesii)* — 1827, le Sapin noble *(Abies procera)* — 1830, le Sapin de Vancouver *(Abies grandis)* — 1831, l'Épicéa de Sitka *(Picea sitchensis)* — 1831, le Séquoia géant *(Sequoiadendron giganteum)* — 1853, le Cyprès de Lawson *(Chamaecyparis lawsoniana)* — 1854, l'Épicéa du Colorado *(Picea pungens)* — 1862, le Sapin du Colorado *(Abies concolor)* — 1872. Parmi les feuillus, ce furent surtout les Érables *Acer macrophyllum* — 1812, *Acer circinatum* — 1826 et l'Aulne *(Alnus rubra)* — 1839 et le Peuplier baumier de l'Ouest *(Populus trichocarpa)* — 1892.

Plus tard encore, au cours du XIXe siècle, pénétrèrent en Europe des arbres d'Asie et d'Extrême-Orient. Ce furent les résineux *Pinus griffithii* — 1823, le Sapin de Nordmann *(Abies nordmanniana)* — 1848, *Cryptomeria japonica* — 1861, le Mélèze du Japon *(Larix leptolepsis)* — 1861, le Cyprès de Sawara *(Chamaecyparis pisifera)* — 1861 et des feuillus: le Paulownia *(Paulownia tomentosa)* — 1834, *Phellodendron amurense* — 1856, *Juglans manshurica* — 1859, le Katsura *(Cercidiphyllum japonicum)* — 1865 et *Betula maximowicziana* — 1888.

Aujourd'hui, les parcs nous sembleraient inconcevables sans ces espèces américaines ou asiatiques comme le Robinier, le Paulownia, le Catalpa, le Marronnier, le Lilas, le Magnolia et le Rhododendron. De nombreux arbres introduits en Europe sont plantés pour leur bois et leurs formations s'étendent sur des milliers d'hectares. Les forêts françaises, belges et britanniques de Sapins de Vancouver s'agrandissent, chaque année, de 20 à 28 mètres cubes de bois par hectare. Le Sapin de Douglas est tout aussi rentable: en France et en Allemagne, sa productivité dépasse de 40 à 60 % celle des arbres indigènes les plus répandus.

Bois et autres produits et substances

Le bois est une matière très précieuse à usages multiples. Avant le charbon et le pétrole, le bois était pratiquement le seul combustible connu. Aujourd'hui encore, le bois représente, dans certains pays, 50 à 70 % de la consommation totale d'énergie. Le bois a un grand avantage par rapport aux sources d'énergies telles que le charbon, le pétrole ou le gaz: ses réserves ne s'épuisent pas et se renouvellent sans cesse, à condition que la richesse des forêts soit gérée de manière rationnelle. Toutefois, on considère de nos jours qu'il n'est pas rentable d'utiliser le bois pour le chauffage. En conséquence, dans les pays industrialisés, la production du bois destinée au chauffage a été limitée à un quota représentant 10 à 20 % de la production totale. Sa majeure partie est destinée à approvisionner l'industrie chimique; dans un avenir proche ce sera certainement sa principale utilisation.

Les propriétés du bois telles que sa qualité, sa couleur, sa densité ou sa pérennité, varient d'une espèce à l'autre. Ces différentes propriétés le destinent à des usages divers. Le bois dur de certains feuillus (Chêne, Orme, Noyer, Frêne, Acajou, etc.) sert à la fabrication de meubles. Le mobilier plus léger et meilleur marché est fabriqué en bois de résineux comme le Mélèze, le Pin ou le Sapin de Douglas. Aujourd'hui cependant, on utilise de plus en plus souvent le procédé du placage: on recouvre le meuble en bois tendre d'une plaque fine de bois dur et précieux. Ce type de mobilier est plus léger et d'un prix de revient moindre.

Les arbres résineux comme l'Épicéa, le Sapin, le Pin et le Mélèze, fournissent surtout le bois d'œuvre car leurs troncs sont élancés et légers. On utilise leur bois pour la fabrication de poutres, de planches, de planchers, de portes, d'encadrements de fenêtres, d'escaliers, etc. On s'en sert également dans la construction de bateaux, de wagons et d'autres moyens de transport, dans la fabrication de mâts, de poteaux, de toitures, mais on en fait aussi des caisses, des allumettes et bien d'autres objets et outils. Les technologies modernes permettent aujourd'hui de produire du bois contreplaqué, compressé ou aggloméré.

Le traitement chimique du bois permet d'en extraire divers produits qui le composent. On soumet le bois à l'action de certaines substances ou bien on procède à la distillation sèche, opération qui consiste à le chauffer en atmosphère inerte. A l'origine, la carbonisation du bois se faisait dans des meules. On obtenait effectivement du charbon de bois, mais on perdait irrémédiablement les autres produits liquides ou gazeux. Actuellement, la distillation est réalisée dans des cornues et on arrive ainsi à récupérer les autres produits importants que sont les goudrons, le vinaigre de bois, l'alcool méthylique, l'acétone et les gaz combustibles. Par la distillation sèche on traite surtout le bois dur des feuillus comme le Hêtre, le Chêne, le Bouleau, le Charme et l'Érable.

La cellulose est un autre produit essentiel qu'on obtient par traitement chimique. On utilise la cellulose dans la fabrication de la pâte à papier, de la soie artificielle, des explosifs, des laques, etc. La cellulose est extraite du bois des résineux comme l'Épicéa, le Sapin, le Pin, et des feuillus comme le Bouleau, le Peuplier et le Hêtre. L'industrie chimique consomme des quantités impressionnantes de bois. L'industrie du papier utilise à elle seule des forêts entières chaque mois.

Les arbres fournissent d'autres produits secondaires: liège, tanin, résines, essence de térébenthine, sucre, substances médicamenteuses, fruits et jus. Pour obtenir le liège, on enlève le rhytidome du Chêne-liège *(Quercus suber)* ou du *Phellodendron amurense.* Les fruits des espèces appartenant aux genres *Gossypium* et *Ceiba* fournissent le coton et d'autres fibres.

Sous les climats tempérés, les Mélèzes et les Pins donnent des résines. Dans les régions tropicales, ce sont les arbres qui appartiennent aux genres *Agathis, Shorea* et *Canarium.* Pour gemmer, on perce l'écorce de certains arbres vieux de soixante ans au moins, ou bien on l'entaille en forme de V. En Europe, on extrait surtout la résine des Pins noirs, sylvestres et maritimes. On recueille la résine qui s'écoule dans les récipients attachés au tronc de l'arbre. On obtient de la même façon le latex, à partir des arbres tropicaux appartenant aux genres *Hevea* et *Castilloa.* Le latex est la matière première indispensable aux industries du caoutchouc et du textile.

Les tanins sont des substances très importantes pour l'industrie du cuir. Certaines espèces contiennent les tanins dans l'écorce (Épicéa, Chêne, Saule), d'autres dans l'écorce et dans le bois (Châtaignier, Acacia), d'autres encore dans les feuilles (Sumac des corroyeurs, Sumac de Virginie, *Rhus cotinus*), ou même dans les fruits *(Caesalpinia coriaria, Terminalia chebula).*

Certaines espèces d'Érables contiennent des sucres dans leurs sucs. Les Amérindiens d'Amérique du Nord perçaient des trous dans les troncs de l'Érable à sucre *(Acer saccharum)* et récupéraient la sève sucrée qui s'en écoulait et qui s'épaississait en sirop. Au Canada et aux États-Unis, on fabrique du sucre de la même façon, jusqu'à nos jours. En Europe, pendant le blocus continental, au cours des guerres napoléoniennes, on expérimenta le même procédé sur les espèces d'Érable plane *(Acer platanoides)* et d'Érable sycomore *(Acer pseudoplatanus).* Mais la betterave s'est révélée plus apropriée à la fabrication du sucre, de sorte qu'on abandonna les expériences avec le sirop tiré d'Érables européens.

Les feuilles, les fruits ou les graines de certaines espèces ligneuses sont à la base de boissons comme le café, le chocolat, le thé ou le coca-cola. Certains fruits charnus ou oléagineux représentent le complément indispensable d'un menu équilibré. Il s'agit des oranges, des citrons, des figues, des pommes, des poires, des cerises, des prunes, ainsi que des noix et des noisettes, des pistaches, des amandes, des olives et des marrons. Dans certains pays tropicaux et subtropicaux, les dattes, les bananes et les noix de coco constituent, jusqu'à nos jours, la nourriture de base des populations.

La médecine populaire connaissait déjà les vertus curatives de certaines espèces que la médecine moderne cherche aujourd'hui à revaloriser. Ainsi, l'industrie pharmaceutique utilise les feuilles et fleurs séchées de l'Aubépine, les fleurs du Tilleul, les fleurs et fruits du Nerprun, l'écorce et les fruits de la Bourdaine (ou Aulne noir), les fleurs et fruits du Sureau, etc.

Autres fonctions des arbres

Aujourd'hui nous savons que les arbres ne servent pas seulement à nous approvisionner en bois et autres produits secondaires, mais aussi à améliorer et à assainir le milieu vital des hommes. Au XXe siècle, le nombre d'habitants sur la planète a considérablement augmenté et l'évolution des technologies a modifié leur vie. Dans les pays industrialisés, la population se concentre dans les grandes villes qui s'agrandissent sans cesse et où la vie comporte de bons et de mauvais côtés. D'une part, la ville offre des possibilités de trouver plus facilement du travail, de se loger confortablement ou de se divertir. Mais d'autre part, les citadins s'éloignent de plus en plus de la nature. L'atmosphère des villes est polluée par la poussière, les gaz d'échappement et d'autres substances polluantes. Le bruit accompagne l'homme dans la rue et au travail, en dépassant souvent le seuil tolérable. Grâce au développement de l'automatisation, la part pénible du travail physique diminue tandis qu'augment, par contre, celle de la fatigue psychique et nerveuse. Les habitants des villes éprouvent donc le besoin de s'échapper dans la nature quand l'occasion s'en présente: ils y passent les fins de semaines, construisent des maisons de campagne, ou cherchent une détente nécessaire dans le jardinage. Le développement continu de l'industrialisation doit nous mettre en garde contre la pollution dont il faut protéger la ville et ses alentours verdoyants.

Les plantes vertes et surtout les arbres, enrichissent l'atmosphère en oxygène, condition indispensable à toute vie sur la Terre. Elles absorbent, par contre, le gaz carbonique dont la teneur dans l'air a augmenté de manière inquiétante au cours des dernières décennies. Les arbres isolés ou regroupés tempèrent le microclimat des villes: l'ombre des arbres de la rue ou des parcs fait baisser la température au moment des canicules, et leur transpiration augmente le taux d'humidité atmosphérique. C'est pour cette raison que l'air des squares ou des parcs est plus frais et plus humide que celui des rues sans verdure. Les espaces verts disposés judicieusement dans le milieu urbain participent au renouvellement de l'air et à la climatisation.

On plante également des arbres en rideaux, appelés brise-vent, qui ralentissent le déplacement des masses d'air sur un espace découvert. Dans les régions sèches, ils atténuent l'évoporation excessive et permettent de sauvegarder l'humidité du sol. Un brise-vent large de 10 mètres agit sur une étendue qui fait vingt fois sa hauteur sur la face abritée du vent et cinq fois sur celle du côté exposé au vent. Le brise-vent diminue également l'action de l'érosion sur le sol, dans des régions désertiques.

Les bouquets d'arbres ou les forêts favorisent aussi l'absorption de l'eau par la terre. En effet, dans les bois, l'eau pénètre rapidement dans le sol sans creuser de rigoles, même après de fortes pluies. Le sol forestier, aéré par de nombreuses racines et constitué souvent d'humus, permet d'éviter que l'eau ne converge en filets. Les forêts, enfin, poussant sur les versants des montagnes et selon les courbes de niveau, empêchent que l'eau n'emporte le sol fertile dans les ruisseaux. De même, les arbres et les arbustes qui poussent au bord de l'eau, servent à renforcer les berges.

A une forte altitude, au-delà des limites de la forêt, les Pins des montagnes arrêtent des masses de neige et constituent une protection naturelle contre les avalanches dont le passage cause des dégâts matériels considérables et des pertes en vies humaines.

La couverture végétale, en général, et les arbres, en particulier, assainissent l'air en purifiant l'atmosphère. Leurs feuilles, en effet, retiennent la poussière, les déchets radioactifs et d'autres substances nocives qui s'écoulent, avec l'eau de pluie, vers le sol. Les feuilles sont, pour cela, plus efficaces que les «aiguilles» des conifères, surtout s'il s'agit d'espèces aux feuilles pubescentes ou tomenteuses. C'est pour cette raison que, dans les villes, les espaces verts sont souvent situés à proximité des écoles, des hôpitaux, des résidences et des terrains de sport. Les arbres plantés le long des routes captent un bon pourcentage d'éléments de métaux lourds et d'autres polluants dus à la circulation automobile, protégeant ainsi les cultures environnantes.

En même temps qu'elles retiennent les aérosols, les feuilles absorbent les micro-organismes dangereux. On a décelé, dans un mètre cube d'air d'un parc, 7 à 10 fois moins de bactéries que dans le même volume d'air prélevé dans les rues avoisinantes sans verdure. La différence est encore plus sensible lorsqu'on analyse l'air de la ville et celui de la forêt. On a pu déterminer également que certains arbres exhalent des silices et des esters, substances appelées phytoncides, qui font régresser considérablement le nombre de micro-organismes contenus dans l'air qui les entoure. C'est pour leurs propriétés filtrantes qu'on plante les arbres à proximité des usines et le long des routes.

Le bruit est l'un des maux dont souffre l'homme des temps modernes. Dans les usines, dans les rues, parfois même à la campagne, le bruit peut atteindre le seuil de tolérance supportable et devenir ainsi une menace pour la santé de l'homme. Dans la lutte contre le bruit, on utilise à côté d'autres dispositifs, des rangées d'arbres. On a obtenu les meilleurs résultats avec des bandes d'arbres qui forment une muraille compacte, large de 15 à 20 mètres, et faisant baisser le bruit de 5 à 10 décibels.

Les effets plus bénéfiques encore de la forêt sur la santé de l'homme ne sont pas négligeables: des promenades dans les bois, à l'air pur, représentent un excellent remède contre les maladies de cœur. Il ne faut pas oublier non plus, l'influence salutaire de la verdure sur le système nerveux et l'état psychique de l'homme. La couleur verte, le jeu des ombres et des lumières, les sensations olfactives, auditives et visuelles conjugués, apportent détente et repos à l'ensemble de l'organisme. Les parcs, les bois et les îlots de verdure, sont donc indispensables au bon fonctionnement d'une cité, au même titre, par exemple, que les écoles et les hôpitaux.

DESCRIPTIONS DES ESPÈCES

Sapin pectiné ou **Sapin argenté commun** — Pinacées
Abies alba MILL. — *Pinaceae*

Le Sapin pectiné est l'arbre européen le plus haut. Il peut atteindre 60 mètres dans les peuplements naturels. Il vit jusqu'à cinq cents — six cents ans; le diamètre de son tronc peut alors dépasser 2 mètres. C'est un arbre à port colonnaire dont la cime bien fournie devient, avec l'âge, plus ou moins arrondie, et forme comme un nid de cigogne. Les zones de prédilection du Sapin pectiné se situent en Europe méridionale, occidentale et centrale, plus particulièrement dans le sud de l'Italie, les Pyrénées, le centre de la France et les Vosges, puis également dans le Jura franconien et la Forêt-Noire. Le Sapin pectiné forme des forêts naturelles dans la région de Varsovie et, tout en suivant le demi-cercle des Carpates, ses peuplements pénètrent en Bulgarie et dans les Balkans. En ce qui concerne son étagement altitudinal, les plus grandes concentrations du Sapin pectiné se situent dans les Carpates et les Alpes à l'étage subalpin, à une altitude de 1500 mètres. Il pousse aussi fréquemment en basse montagne: dans la Forêt de Bohême, il monte jusqu'à 1100 mètres d'altitude. Le Sapin pectiné a été introduit en Grande-Bretagne après 1600.

Le Sapin pectiné pousse souvent dans les forêts mixtes, associé aux Hêtres et aux Épicéas. Ses fortes racines fasciculées lui permettent de bien résister au vent. Jeune, il supporte bien l'obscurité, mais adulte, il a besoin de pénombre. Il est plus exigeant quant à la qualité du terrain que l'Épicéa. Il pousse, en effet, sur les sols humides et assez riches. Le Sapin pectiné est sensible à la température, les grands froids peuvent l'endommager. Il y a un siècle, il était beaucoup plus fréquent qu'aujourd'hui. Ce déclin est dû à la pollution atmosphérique et à une mauvaise gestion forestière. Son bois léger et tendre est utilisé dans la construction, et spécialement pour les œuvres immergées. C'est une espèce forestière par excellence. Le climat forestier est indispensable à sa croissance et c'est pour cette raison qu'on ne le plante pas dans les parcs comme arbre d'ornement.

2

En cent ans, le Sapin pectiné peut atteindre la taille de 30 à 40 mètres. Le tronc est recouvert d'une écorce lisse gris argenté. Les bourgeons ne sont pas résinifères. Les aiguilles (1) sont plates, longues de 18 à 30 mm, larges de 2 à 3 mm, encochées à l'extrémité (2). La face interne porte deux bandes blanches de stomates. Les aiguilles sont insérées directement sur le rameau, et disposées de part et d'autre en un plan horizontal. Le Sapin pectiné fleurit en avril et en mai. Les cônes mâles (3) sont jaunes et poussent sur

1

5

6

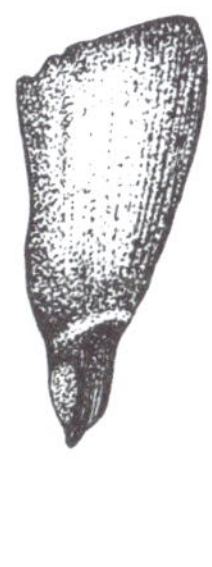

la face inférieure des rameaux, les cônes femelles (4) sont groupés dans le sommet de l'arbre. Ils mûrissent au mois d'octobre. Adultes, ils poussent à la verticale, et mesurent entre 12 et 20 cm (5). Ils ne tombent pas, mais se délitent écaille par écaille. La graine triangulaire de 8 – 13 mm (6), est dotée d'une aile de 2 cm.

3

4

Sapin de Vancouver — Pinacées
Abies grandis LINDL. — *Pinaceae*

Sapin du Colorado
Abies concolor (GORD.)

Originaires d'Amérique du Nord, le Sapin de Vancouver et le Sapin du Colorado sont en passe de remplacer le Sapin pectiné dans nos forêts. Le Sapin de Vancouver a été introduit en Europe en 1831. Ses régions d'origine sont les États de l'Oregon et de Washington d'où il déborde, au nord, jusqu'au Canada. C'est un arbre imposant pouvant atteindre 60 mètres de haut et 2 mètres de diamètre, qui ne vit pas cependant au-delà de deux cents ans. Il pousse très rapidement: à vingt ans, il mesure 8 mètres, à cent ans, 45 mètres. Il a besoin de plus de lumière que l'Épicéa commun et s'accommode mieux que le Sapin d'Europe d'un climat plus sec. Quand il pousse dans un sol suffisamment humide, il se contente d'une humidité atmosphérique médiocre (600 mm par an). Grâce à ces qualités, le Sapin de Vancouver devient de plus en plus fréquent dans les forêts artificielles, mais on le plante également dans un but ornemental. Ses rameaux parfumés sont très décoratifs, c'est pourquoi on le coupe souvent pour les fêtes de Noël.

Semblable au Sapin de Vancouver, le Sapin du Colorado *(A. concolor)* a été introduit en Europe en 1872. Originaire des montagnes Rocheuses, il pousse spontanément en Amérique du Nord à 2000—3000 mètres d'altitude depuis l'Arizona jusqu'à l'Utah, en passant par le plateau du Colorado. Un arbre en forme de cône, il n'atteint que 30—40 mètres. Son branchage bien fourni est le plus décoratif entre vingt et quarante ans, passé cet âge, il se rarifie et s'abîme par grand froid. Il préfère une situation abritée et moyennement ensoleillée, mais peut très bien pousser sur un terrain découvert. Il a des exigences modestes quant à l'humidité et la qualité du sol. On le cultive surtout dans les parcs, à titre ornemental, mais il est planté aussi pour son bois dans les régions sèches.

A. grandis

A. concolor

Le Sapin de Vancouver est un arbre imposant à port conique et au tronc recouvert d'une écorce brun-gris. Ses bourgeons violacés sont résinifères. Les aiguilles plates et agréablement parfumées mesurent 20 à 40 mm. Elles sont disposées de part et d'autre du rameau, dans un plan parfaitement horizontal (1). Vert brillant par dessus, elles portent deux bandes blanchâtres par dessous (2), et sont échancrées à la pointe. Les cônes ne mesurent que 7 à 10 cm de long sur 3 a 4 cm de large. Les écailles arrondies cachent les bractées (3). La graine ailée est brune et mesure 7 à 8 mm.

Le Sapin du Colorado a des bourgeons jaunâtres, fortement résinifères. Les ai-

guilles mesurent 4—7 cm de long, et se recourbent nettement vers le haut. Elles sont d'un vert-gris uniforme sur les deux faces (4), et ont les extrémités émoussées (5). Les cônes ressemblent à ceux de Sapin de Vancouver.

2

Sapin de Douglas — Pinacées

Pseudotsuga menziesii (MIRBEL) FRANCO — *Pinaceae*

syn. *Pseudotsuga taxifolia* BRITT.

Le Sapin de Douglas est l'un des conifères américains les plus appréciés en Europe, grâce à la qualité de son bois. En Amérique du Nord, il pousse surtout sur la côte du Pacifique, depuis la Californie, jusqu'à la Colombie Britannique au Canada. Dans son habitat d'origine, il atteint 50–80 mètres, et un diamètre de 2 mètres. Le Sapin de Douglas vit quatre cents à cinq cents ans. Son écorce est lisse, vert-gris, mais sur les vieux arbres, elle se transforme en couche de liège, profondément fissurée. Le Sapin de Douglas pousse rapidement, sa croissance s'arrête à vingt ou trente ans. Il nécessite une exposition assez ensoleillée, étant plus exigeant que l'Épicéa commun. Selon la provenance de ses semences, il supporte plus ou moins bien le gel. En Europe, les grands froids causent des dégâts dans ses peuplements. Ses racines sont peu profondes, c'est pourquoi le poids de la neige arrive à déracines les jeunes arbres. Il affectionne le sol humide et léger, mais ne supporte ni les terrains boueux, ni les terrains secs. Il a été introduit en Europe en 1827 ; aujourd'hui, on le cultive beaucoup en Grande-Bretagne, en Europe occidentale et centrale. Son bois de cœur est résistant et de très bonne qualité. On le plante également isolé, comme arbre d'ornement dans les parcs.

Le *Pseudotsuga menziesii* var. *glauca,* variété du Sapin de Douglas, est également cultivé à titre ornemental. Ce conifère très décoratif aux aiguilles bleu-vert est originaire des zones au climat continental des montagnes Rocheuses où il pousse à une altitude qui varie entre 2000 et 3000 mètres. Il pousse beaucoup plus lentement que le Sapin de Douglas et n'atteint que 30 mètres de haut. Il supporte bien le gel ainsi que les variations du taux d'humidité du sol et de l'air.

P. menziesii

Le Sapin de Douglas atteint, en Europe, 40—45 mètres et se reconnaît à sa large couronne conique. Ses bourgeons brun-rouge sont minces et très pointus. Les aiguilles longues de 15 à 35 mm, plates et flexibles, s'étalent horizontalement de part et d'autre des rameaux. La face supérieure est vert sombre, la face intérieure porte deux bandes blanches de stomates (1). Le Sapin de Douglas fleurit en mai. Les chatons mâles sont jaunes, les cônes

femelles (2) rougeâtres. Les cônes mûrs oblongs et ovoïdes mesurent 5 à 10 cm de long et 2 à 3 cm de large. Les bractées trifides portent une épine tournée vers la pointe du cône (3). Les cônes du *Pseudotsuga menziesii* var. *glauca* ont des bractées recourbées vers l'arrière (4).

Tsuga du Canada ou **Pruche**

Tsuga canadensis (L.) CARR.

Pinacées
Pinaceae

Tsuga ou **Hemlock de l'Ouest**

Tsuga heterophylla (RAF.) SARG.

Le Tsuga du Canada provient de la partie orientale de l'Amérique du Nord. Il pousse depuis l'Alabama et la Georgie jusqu'à la région des Grands Lacs, jusqu'à la latitude de 50 °N. Sur cette vaste aire d'extension, il est surtout abondant au nord, à une faible altitude, et sur les sols très humides. Plus au sud, il se cantonne dans les vallées, jusqu'à une altitude de 1000 mètres. Dans les forêts mixtes, il fait partie de la strate arborescente moyenne. Le Tsuga du Canada a été introduit en Grande-Bretagne dès 1736. C'est un conifère qui pousse lentement: en cent ans, il ne dépasse pas 25 mètres. En Europe occidentale et centrale, on le plante dans les parcs à titre ornemental, mais aussi en haies et dans les forêts artificielles, à l'ombre de grands arbres. Il résiste parfaitement au gel, mais recherche un sol fertile et humide. Il dépérit dans les endroits secs et exposés au soleil.

Le Tsuga de l'Ouest *(T. heterophylla)* est une espèce voisine du Tsuga du Canada. Il occupe toute la côte du Pacifique, depuis la Californie jusqu'à l'Alaska. Il atteint la taille de 50 mètres, s'accommode de la pénombre, mais recherche un sol humide. Le Tsuga de l'Ouest a été introduit en Europe en 1851. En Europe occidentale, on le plante pour son bois, dans les régions au climat maritime. En Europe centrale, il succombe aux grands froids; on ne le plante donc que comme arbre d'ornement dans les parcs.

Le Tsuga du Canada est un arbre de taille moyenne. Sa couronne est ample, aux rameaux fins, pendants aux extrémités. Longues de 7 à 16 mm, les aiguilles (1) se rétrécissent vers l'extrémité (2). Elles sont disposées des deux côtés du rameau et leur pourtour est finement dentelé. La face inférieure porte deux bandes blanches de stomates. En Europe, la floraison a lieu au début du mois de mai (3). Les cônes aux écailles arrondies ne mesurent que 15—22 mm (4). La graine ailée mesure 2 mm.

Les aiguilles du Tsuga de l'Ouest mesurent 7—18 mm. Contrairement à celles du Tsuga du Canada, elles ne se rétrécissent pas vers l'extrémité (5). La face inférieure

T. canadensis

6

porte deux bandes stomatifères blanches si larges qu'elles se touchent presque. Comme les aiguilles de l'espèce précédente, les bords de l'aiguille sont dentelés. Les cônes femelles de 20 à 25 mm ont des écailles arrondies, nettement plus longues que larges.

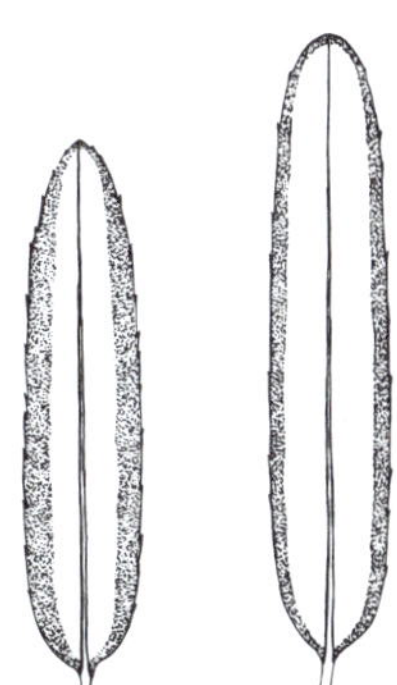

Épicéa commun — Pinacées

Picea abies (L.) KARST. — *Pinaceae*

L'Épicéa commun est le résineux du nord de l'Europe et de la haute et moyenne montagne d'Europe centrale. Au nord, il pousse même au-delà du cercle polaire: il est surtout fréquent en Norvège, en Suède, en Finlande et dans la partie septentrionale de la Russie. Plus au sud, ses peuplements sont courants dans les Alpes, dans la Forêt-Noire, les Carpates, les Alpes dinariques, les monts Rhodope. A l'origine, l'Épicéa commun supportait mal le climat maritime doux de l'Europe occidentale, mais aujourd'hui, on le cultive pour son bois, même à des altitudes plus basses, en Europe occidentale et centrale, jusqu'en Grande-Bretagne.

L'Épicéa commun atteint généralement 30 à 40 mètres. Dans les forêts naturelles, les vieux Épicéas peuvent dépasser 60 mètres. Il vit entre trois cents et cinq cents ans. Les racines traçantes sont peu profondes, c'est pourquoi le vent le déracine facilement. Il supporte très bien le gel, mais recherche un sol et une atmosphère humides. L'Épicéa commun est très sensible à la pollution atmosphérique et évite l'exposition au soleil.

En Europe centrale et septentionale, il est très apprécié pour son bois que ses populations fournissent en abondance. Ce bois léger et souple est recherché pour la charpente, la construction et l'industrie chimique. Il sert également à la fabrication d'instruments de musique. Il existe des plantations entières de jeunes Épicéas pour les arbres de Noël.

L'espèce produit toute une série de cultivars décoratifs, tels que le 'Cupressina', dont le port rappelle celui d'un cyprès, le 'Virgata' aux branches non ramifiées, et le 'Nidiformis', petit arbre tortueux dont les branches s'étalent en forme de nid.

L'Épicéa commun a un houppier conique pointu. Les arbres isolés ont des branches latérales plantées depuis le sol, pratiquement sur toute la longueur du tronc. L'écorce brun-rouge s'écaille chez les vieux arbres. Les aiguilles pointues (1), de 10 à 25 mm, sont de section quadrangulaire et vertes sur toutes les faces. L'Épicéa commun fleurit en mai et répand des nuages de pollen jaune. Les cônes mâles sont jaunes, les cônes femelles sont rouges ou verts (2). Les cônes mûrs, bruns, cylindri-

ques (3), longs de 8 à 16 cm, pendent sur les rameaux du sommet. Chaque écaille abrite deux semences ovoïdes, munies d'une aile membraneuse.

Épicéa de Serbie

Pinacées

Picea omorika (PANČIĆ) PURK.

Pinaceae

L'Épicéa de Serbie est un résineux européen. Ses peuplements naturels sont répartis dans quelques petites localités en Serbie occidentale et en Bosnie. L'histoire de sa découverte ne manque pas d'intérêt: en 1865, on remit un rameau d'un Épicéa inconnu au professeur J. Pančić, mais celui-ci ne réussit à voir l'arbre vivant que dix ans plus tard, en 1875. L'Épicéa de Serbie pousse sur les rochers calcaires abrupts le long de la Drina, associé au Pin noir, au Hêtre, au Sapin pectiné et à l'Épicéa commun. L'étagement altitudinal de son apparition varie entre 700 et 1500 mètres. Après 1884, il fut introduit dans le reste de l'Europe. Malgré ses origines méridionales, il pousse très bien en Europe du Nord, de l'Écosse jusqu' à la Suède et la région du golfe de Finlande. Il résiste très bien au gel, se contente de 600 mm de précipitations par an, et de substrats ingrats, à base de calcaire et de silice.

La taille de l'Épicéa de Serbie varie entre 30 et 40 mètres. Même solitaire, il se distingue par un port conique étroit et élancé aux branches latérales recourbées gracieusement vers le haut. Grâce à sa couronne étroite et ses racines profondes, il ne souffre pas du poids de la neige et résiste bien au vent. Contrairement à l'Épicéa commun, il se contente d'un faible taux d'humidité et est indifférent à la pollution atmoshérique. Le rhytidome rugueux le protège contre des atteintes du grand gibier. En Europe centrale, on le plante par endroits dans les forêts et souvent dans les parcs car c'est l'un des Épicéas les plus décoratifs.

L'Épicéa de Serbie est un arbre haut, à la couronne étroite qui descend presque au ras du sol. Le tronc est protégé par une écorce brunâtre toute en écailles. Les rameaux sont couverts de poils résistants. Les aiguilles plates (1) mesurent 10 à 20 mm de long et 2 mm de large. La face supérieure est vert sombre brillant, la face inférieure porte deux bandes blanches de stomates (2). L'arbre fleurit et se reproduit à partir de la dixième année. La floraison a lieu en mai. Les cônes sont oblongs-ovoïdes, longs de 4 à 6 cm. Ouverts, ils mesurent 2 à 2,5 cm de large et sont d'un rouge violacé (3). Les écailles sont arrondies, presque orbiculaires. La semence brun sombre, de 2 à 3 mm, est dotée d'une aile membraneuse.

2

Épicéa d'Engelmann
Picea pungens ENGELM.

Pinacées
Pinaceae

Épicéa de Sitka
Picea sitchensis (BONG.) CARR.

L'Épicéa d'Engelmann est originaire d'Amérique du Nord, plus particulièrement des Rocheuses, depuis le Montana jusqu'à l'Arizona. Son extension altitudinale se situe entre 1500 et 3000 mètres. Il pousse surtout le long des ruisseaux, des rivières et dans les cañons. Il fut introduit en Europe en 1850. Aujourd'hui, il est répandu sur tout le continent européen, à l'exception de la Scandinavie. En Amérique du Nord, les variétés aux aiguilles vertes, bleutées et argentées se côtoient, alors qu'en Europe, on cultive surtout la forme argentée, si bien qu'on l'appelle parfois Épicéa argenté. C'est un résineux qui résiste parfaitement au gel. Pour son développement, il recherche un sol assez humide: il ne grandit par sur un terrain sec et son feuillage est clairsemé. Il n'aime pas le soleil direct et pousse plus lentement que l'Épicéa commun. On le plante comme arbre d'ornement dans les parcs, isolé ou par petits groupes. Comme la pollution atmosphérique ne le gêne pas, on le plante à l'essai dans les régions industrielles; son bois, par contre, est de moindre qualité.

L'Épicéa de Sitka *(P. sitchensis)* provient, lui-aussi, du continent américain. Il recherche un climat maritime et s'étend sur la côte du Pacifique, depuis la Californie jusqu'en Alaska, à la latitude de 62 °N. Quand il pénètre dans l'arrière-pays, il ne s'éloigne jamais au-delà de 100 km de la côte. Dans les montagnes, il pousse jusqu'à 1600 m d'altitude. Dans son pays d'origine, il atteint la taille de 60 m et l'épaisseur de 3 mètres. L'Épicéa de Sitka fut introduit en Europe en 1831. On le plante surtout dans les parcs, mais il forme de vastes forêts cultivées dans les pays maritimes, et plus particulièrement, en Grande-Bretagne. Il a besoin d'une bonne humidité de l'air et du sol, ainsi qu'une exposition au soleil. Le gel endommage sérieusement ses formations.

P. pungens

L'Épicéa d'Engelmann atteint 30 à 35 m. Son port conique a un aspect figé, rigide. L'écorce brun-rouge forme des écailles. Les branches sont fortes. Les aiguilles vertes ou argentées, longues de 18 à 30 mm, sont rigides, pointues et de section quadrangulaire. Elles poussent tout autour du rameau (1). Les cônes oblongs, effilés vers la pointe, mesurent 6 à 10 cm. En mûrissant, ils deviennent brun-jaunâtre, avec des écailles ondulées (2).

3

4

1

2

L'Épicéa de Sitka atteint, en Europe, 40 m. Son écorce brun-rouge forme des écailles. Les aiguilles ont 20 à 25 mm de long sur seulement 1 mm de large. Elles sont très piquantes, avec deux bandes blanches sur la face inférieure (3). Les cônes brun clair (4) mesurent 5 à 7 cm.

Mélèze commun ou **d'Europe**
Larix decidua MILL.

Pinacées
Pinaceae

Mélèze du Japon
Larix kaempferi (LAMB.) CARR., syn. *L. leptolepis* GORD.

Le Mélèze commun est l'un des rares résineux caducs. C'est un arbre robuste au tronc fort et droit et à la couronne placée assez haut. Il ne reste que quelques rares formations naturelles du Mélèze commun, dispersées surtout en Europe centrale. Quant à l'étagement altitudinal de son extension, il pousse dans les Alpes, entre 600 et 2500 m, en République tchèque, entre 400 et 700 m, dans les Carpates, entre 800 et 1500 m, en Pologne, entre 250 et 500 m au-dessus du niveau de la mer. Les spécimens originaires de Pologne et de l'ancienne Silésie se sont particulièrement bien adaptés aux faibles altitudes; c'est pour cela qu'on les a introduits dans d'autres pays. En Grande-Bretagne, on a commencé à les cultiver vers 1629. Le Mélèze commun pousse assez rapidement, à condition qu'il soit bien exposé au soleil. A vingt ans, il mesure 12 à 14 m. Il est muni d'une racine pivotante profonde qui lui permet de bien résister au vent. Il se contente de n'importe quel type de terrain, bien qu'il préfère les sols plutôt humides. Il supporte parfaitement le gel et assez bien la pollution atmosphérique. On le plante pour son bois de cœur d'excellente qualité, et aussi à titre ornemental, dans les parcs.

Comme son nom l'indique, le Mélèze du Japon est originaire du Japon, et plus particulièrement de l'île de Hondo où il pousse à une altitude de 1300 à 2900 mètres. Il fut introduit en Europe en 1861. On le cultive plutôt dans les régions littorales. Dans les premières années de sa croissance, il pousse plus vite que le Mélèze commun. C'est un arbre d'ornement très apprécié. Moins exigeant quant à la lumière, il recherche un taux d'humidité atmosphérique assez élevé. Il est rarement atteint de cancer. Par croisement du Mélèze commun avec le Mélèze du Japon on obtient un hybride plutôt variable, le Mélèze hybride (*Larix* × *eurolepis* Henry).

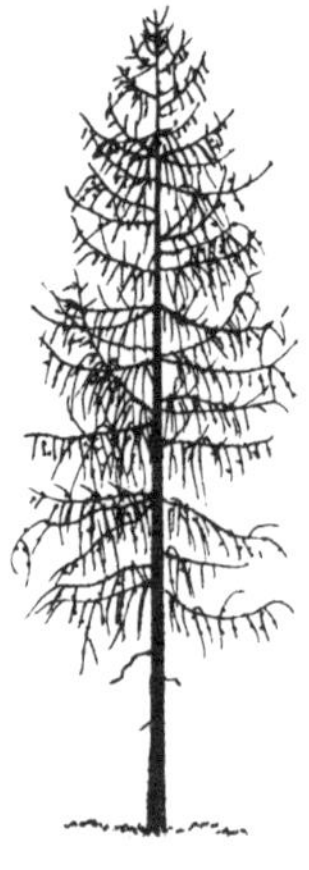

L. decidua

La taille du Mélèze commun varie entre 30 et 40 mètres. Les rameaux sont brun jaunâtre, l'écorce est épaisse et fissurée. Les aiguilles caduques, d'un vert tendre, mesurent 15 à 30 mm. Elles s'insèrent sur le rameau par touffes de 35 à 40 aiguilles (1). Les chatons femelles rouges ou verts (2) fleurissent en avril. Les cônes bruns (3), longs de 15 à 40 mm, mûrissent en automne. La semence de 3 à 4 mm est brun clair.

Le Mélèze du Japon se distingue du Mélèze commun par ses fortes branches horizontales, une écorce fine et des rameaux couleur bronze. Longs de 20 à 35 mm, les cônes sont arrondis. Le bord des écailles est recourbé comme les pétales d'une rose (4).

Cèdre du Liban

Cedrus libani A. RICH.

Pinacées
Pinaceae

Cèdre de l'Atlas

Cedrus atlantica (ENDL.) CARR.

Les Cèdres de la région méditerranéenne sont des résineux bien connus, leur seule évocation rappelle immédiatement les cultures anciennes. Les Égyptiens et les Phéniciens utilisaient le bois de cèdre pour construire leurs bateaux, le roi Salomon s'en servit pour édifier son temple à Jérusalem. Le Cèdre du Liban pousse naturellement dans les chaînes du Taurus et de l'Anti-Taurus, à une altitude qui varie entre 1300 et 2000 mètres. En Europe, il fut introduit en 1683 comme arbre d'ornement. Il atteint la taille de 30 à 40 mètres, le diamètre de 2 à 3 mètres, et peut vivre au-delà de mille cinq cents ans. C'est un arbre à port conique, à l'apex pointu, incliné sur le côté lorsqu'il est jeune; sa couronne se déploie à sa maturité en un large parasol étagé. Contrairement aux autres résineux, le cèdre fleurit en automne, au mois de septembre. Les cônes mettent deux ans à mûrir, et se délitent au printemps, écaille par écaille. Le Cèdre du Liban a besoin de beaucoup de lumière. Il pousse bien sur les sols chauffés au soleil et plutôt secs, et supporte le gel jusqu'à −30 °C aussi bien que les canicules d'été. Son cultivar 'Pendula' est planté dans les parcs et dans les cimetières.

Le Cèdre de l'Atlas *(C. atlantica),* originaire de Maroc et d'Algérie, est surtout commun sur les versants de l'Atlas et plus particulièrement de la chaîne du Rif, à une altitude de 1200 à 2000 mètres. Il fut introduit en Europe en 1839. On le plante isolé dans les parcs d'Europe occidentale, méridionale et centrale. Dans le sud de la France, on le plante pour boiser les régions sèches. Son cultivar 'Argentea' est très recherché comme arbre d'ornement.

C. libani

Les aiguilles du Cèdre du Liban mesurent 2,5—3 mm de long sur 1 mm de large. Elles poussent en faisceaux (1) de 30 ou 40 feuilles, sur des pousses raccourcies, appellées brachyblastes. La floraison a lieu en septembre ou octobre. Les chatons mâles jaunes (2) poussent dressés et mesurent 5 cm; les chatons femelles sont ovoïdes, longs de 1,5 cm. Les cônes mûrs émoussés au sommet, se dressent isolés sur les rameaux et mesurent 8—10 cm sur 4—6 cm.

2 ♂

1

3

Le Cèdre de l'Atlas atteint la taille de 30 mètres. Il conserve son port conique toute sa vie durant. Ses aiguilles sont plus courtes (elles ne mesurent que 2,5 cm), ainsi que ses cônes (3) qui ont 5–7 cm de long sur 4 cm de large. Sa semence de 12 à 15 mm est munie d'une aile triangulaire et ressemble à celle du Sapin.

Pin cembro ou **Arolle** — Pinacées
Pinus cembra L. — *Pinaceae*

Le Pin cembro est originaire des chaînes de montagne d'Europe centrale, des Alpes et des Carpates. Il pousse à la limite supérieure de la forêt, entre 1600 et 2400 mètres, associé à l'Épicéa, au Mélèze et au Pin des montagnes. C'est un résineux qui pousse très lentement: à vingt ans, il mesure à peu près 3 mètres, à cent ans, entre 15 et 20 mètres. Sa longévité varie entre quatre cents et six cents ans. Jeune, il supporte bien la pénombre, mais les vieux arbres recherchent plutôt l'ensoleillement. Son système racinaire profond, en forme de cœur, lui permet de bien résister à la tempête. L'arbre supporte aussi parfaitement le gel et le climat rude des montagnes. Il recherche les sols lourds et humides. Les écureuils et les oiseaux sont friands de ses graines douces et participent, sans le savoir, à leur dispersion. Le bois léger et solide du Pin cembro était jadis utilisé en menuiserie et pour la sculpture sur bois. Aujourd'hui, c'est un arbre qui disparaît peu à peu de nos montagnes; on cherche donc à le protéger dans de nombreux endroits.

Le Pin de Sibérie *(P. sibirica* Mayr.*)* est une espèce si proche que certains spécialistes le considèrent comme une variante géographique du Pin cembro. Son aire d'extension commence en Russie orientale, occupe l'Oural, une partie de la Mongolie et de la Sibérie. Il est plus haut que le Pin cembro et pousse aussi bien en plaine qu'en montagne, à condition toutefois que le sol soit suffisamment humide. C'est un arbre important des forêts de Sibérie.

Le Pin cembro atteint 18 à 20 mètres et développe une couronne touffue, conique ou ovoïde, dont les branches descendent presque au sol. Les rameaux de l'année sont couverts d'un tomentum brun-roux. Les aiguilles sont insérées par groupes de cinq et mesurent de 5 à 12 cm de long sur 1 mm de large. Leur face inférieure est parcourue de deux bandes blanches de stomates (1, 2). Le Pin cembro fleurit en juin et en juillet. Les fleurs mâles sont jaunes, les fleurs femelles rouge violacé. Les cônes ovoïdes (3) poussent à la verticale et mesurent 5 à 8 cm de long sur 4 à 6 cm de large. Jeunes, ils sont violacés, mais brunissent en mûrissant. Ils mûrissent pendant deux ans et se délitent en automne dès la seconde année. La graine de un cm est anguleuse et sans aile (4).

Le Pin de Sibérie dépasse 30 mètres de haut. Les aiguilles vert tendre sont plus

2

1

3

4

épaisses et les cônes plus longs (10 cm) que chez l'espèce précédente. Le péricarpe des semences est fin, la graine germant ainsi dès le printemps.

Ces deux Pins sont plantés dans les jardins des villes à titre ornemental.

Pin blanc ou **Pin de Weymouth** Pinacées
Pinus strobus L. *Pinaceae*

Le pays d'origine du Pin de Weymouth s'étend sur la partie orientale d'Amérique du Nord où il pousse depuis la Georgie jusqu'à l'île de Terre-Neuve, au Canada. Ses peuplements recherchent les sols argileux humides ou argilo-sablonneux. Le Pin de Weymouth pousse dans les forêts mixtes, associé à d'autres résineux et à des feuillus. Dans son habitat d'origine, il atteint fréquemment la taille de 40 mètres et un diamètre de 1,5 mètres. C'est un arbre qui se développe rapidement: à vingt ans, il mesure 10 mètres. Il commence à donner des fruits à partir de trente ans. Les graines sont mûres en septembre de l'année qui suit la fécondation. On l'a introduit en Europe en 1705, et aujourd'hui, on le plante couramment aussi bien dans les forêts que dans les parcs, à titre ornemental. Ses aiguilles fines et soyeuses sont très décoratives. Le Pin de Weymouth supporte parfaitement le froid. Jeune, il se contente d'un ensoleillement moyen, mais adulte, il a besoin de plus de lumière. Il recherche les sols humides et peut prospérer même sur un sol acide. Comme ses aiguilles tombent en abondance, on le plante souvent sur les sols pauvres ou épuisés pour les améliorer. Il supporte assez mal les fumées industrielles et la pollution en général, et pas du tout les sols salés. Le vent ne l'endommage pas, mais le grand gibier peut causer des dégâts dans ses peuplements. Il est souvent victime de maladie, provoquée par le champignon *Cronartium ribicola,* transmise par les arbustes de la famille *Ribes.* L'arbre rongé par ce champignon se dessèche en quelques années. Le bois des arbres adultes est de bonne qualité. On l'utilise en menuiserie, surtout pour la fabrication de portes et d'encadrements de fenêtres.

Le Pin de Weymouth atteint, en Europe, la taille de 30 mètres. Les branches qui poussent à l'horizontale, forment une couronne arrondie ou conique. L'écorce est lisse, vert-gris sur les jeunes spécimens, mais se fissure et brunit sur les vieux arbres. Les rameaux sont fins. Les aiguilles flexibles, longues de 6 à 12 cm, aux bords finement dentelés, sont insérées par groupes de 5 (1). La face inférieure porte deux bandes argentées de stomates. A la fin du mois de mai, apparaissent les fleurs mâles jaunes (2) et les fleurs femelles rougeâtres. Dans l'année qui suit la fécondation, le jeune cône atteint 2 cm (3). Le cône mûr, pendant et cylindrique, mesure 7 à 15 cm. Il est couvert de résine. Les bouts des écailles sont brun clair (4). La semence longue de 5 à 6 mm est marbrée et munie d'une longue aile.

3
1
2 ♂
4

Pin des montagnes — Pinacées

Pinus mugo TURRA — *Pinaceae*

Le Pin des montagnes se présente sous deux formes différentes. Il apparaît soit comme un arbre de 10 à 25 mètres (var. *uncinata*), soit comme un arbuste, haut de 2 à 4 mètres, aux branches tordues (var. *mughus*). Reliquat de la dernière glaciation, ce pin est commun dans la haute montagne en Europe occidentale, méridionale et centrale. Il se regroupe en formations continues au-delà de la limite supérieure de la forêt, à une altitude où les autres arbres ne peuvent pas subsister. Au pied des montagnes, il pousse surtout dans les tourbières, c'est-à-dire sur un terrain que les autres arbres évitent. La variété *uncinata* est fréquente dans les Pyrénées, les Vosges et les Alpes occidentales. Elle apparaît sporadiquement dans les tourbières. La forme *mughus* pousse à l'étage alpin dans les Alpes orientales, dans les Carpates, les chaînes des Balkans et souvent dans les tourbières. Le bois du Pin des montagnes est tendre et on l'utilise pour la fabrication de menus objets sculptés. De sa résine, on obtient par distillation l'essence de térébenthine.

Le Pin des montagnes supporte très bien le gel et se contente des sols pauvres et peu profonds, à condition d'avoir un bon ensoleillement. Il a besoin d'une humidité moyenne. En montagne, il protège le sol de l'érosion et des avalanches. En plaine, on le plante souvent à titre ornemental.

P. mugo
var. *mughus*

P. mugo
var. *uncinata*

La taille maximum de la variété *uncinata* est de 25 mètres, celle de la variété *mughus* de 4 mètres. Leur écorce est craquelée, gris noirâtre. Les aiguilles longues de 3 à 8 cm et larges de 1,5 à 2 mm sont fournies et disposées par paires. (1) Leurs bords sont finement dentelés. Le Pin des montagnes fleurit en mai. Les chatons mâles jaunes sont regroupés sur le rameau, les chatons femelles rouge écarlate poussent isolés à l'extrémité de jeunes rameaux. Les cônes de forme ovoïde, aux écailles brunes, mesurent 3—6 cm. Ils mûrissent, comme ceux des autres Pins, en automne de l'année suivante. Les cônes de la variété *uncinata* sont excentriques, avec une moitié bombée et aux écailles en relief (2). Ceux de la variété *mughus* sont symétriques, aux écailles plates (3), largement ouvertes au moment de la dissémination.

3
1
2

Pin sylvestre Pinacées
Pinus sylvestris L. *Pinaceae*

Le Pin sylvestre est très largement distribué en Europe et en Asie. Son aire d'extension commence en Écosse, déborde au-delà du cercle polaire, et occupe toute la Sibérie jusqu'à la mer d'Okhotsk. Au sud, elle pénètre en Espagne et, par les Balkans, jusqu'à l'Asie Mineure et le Caucase. Il ne dépasse pas 40 mètres de haut, et son diamètre mesure 1 mètre au maximum. Son houppier haut est conique, légèrement arrondi ou en forme de parasol chez les vieux arbres. C'est un résineux très décoratif à l'écorce brun-orangé, tout en écailles dans la partie supérieure du tronc, se transformant, vers le bas, en rhytidome noirâtre, fissuré en plaques. Il pousse assez rapidement: à vingt ans, il mesure entre 8 et 9 mètres, et commence alors à donner des fruits. Le Pin sylvestre fleurit presque chaque année. Il a besoin de beaucoup de soleil, mais se contente de n'importe quel climat et d'un sol médiocre. C'est pour cette raison qu'on le rencontre fréquemment sur les sols pauvres et sablonneux qui ne conviennent pas aux autres arbres. Son bois de cœur brun clair est léger et de très bonne qualité. On l'utilise pour la fabrication de poteaux électriques, de portes, d'encadrements de fenêtres et de meubles. Il fournit également la résine, exploitée en industrie chimique. C'est un important arbre de forêt et de jardin où on le plante, parfois, à titre ornemental. Son cultivar 'Watereri' se ramifie presque au ras du sol, et en vingt ans, n'atteint que 2 mètres de haut. C'est un arbre décoratif planté surtout dans les petits jardins.

Le Pin sylvestre est un arbre de 30 mètres de haut à la couronne large. Les aiguilles gris-vert, légèrement recourbées, mesurent 4—7 cm de long sur 1,5—2 mm de large. Elles s'insèrent par deux et leurs bords sont finement dentelés (1). Les fleurs apparaissent à la fin du mois de mai. Les chatons mâles sont jaunes (2), les chatons femelles sont rouges (3) et poussent aux extrémités de jeunes rameaux. En automne de l'année suivante, ils mûrissent en cônes ovoïdes, longs de 3 à 6 cm, aux écailles ovulifères grisâtres (4). Au printemps, les semences ailées commencent à s'envoler avec les premiers rayons de soleil. Elles sont de couleur variable, claires ou foncées, longues de 3—4 mm, munies d'une aile transparente de 15 mm (5).

2 ♂
1
3 ♀
4
5

Pin noir Pinacées
Pinus nigra ARN. *Pinaceae*

Les forêts naturelles du Pin noir s'étendent depuis l'Espagne jusqu'à la Turquie, en Asie Mineure. Cette vaste aire d'extension est morcelée en régions, séparées par des obstacles naturels qui ont donné naissance à des sous-espèces géographiques. Ces sous-espèces diffèrent entre elles physiologiquement et morphologiquement. Le Pin noir espagnol et français est désigné sous l'appellation scientifique de ssp. *salzmanii,* celui de Corse et de Calabre de ssp. *laricio,* celui des Balkans et d'Autriche de ssp. *austriaca* et enfin celui de Grèce et d'Asie Mineure de ssp. *pallasiana.* Aujourd'hui, on plante le Pin noir plus au nord également, soit sur des terrains secs calcaires, soit sur le littoral, pour retenir le sable. C'est un grand arbre dont la taille varie entre 40 et 50 mètres. Ses branches puissantes sont résinifères. Quand elles tombent, elles ne se cassent pas à la base de sorte que le tronc est hérissé de moignons. Les jeunes pousses sont fortes, les bourgeons mesurent 2 cm. Les aiguilles sont vert foncé ce qui donne à l'arbre tout entier cet aspect sombre qui est à l'origine de son nom. Le Pin noir aime le soleil: il pousse très bien sur les coteaux ensoleillés des régions de vignobles, sur les sols riches en calcaire. Il n'est pas exigeant quant à la qualité du sol et à l'humidité. Sa cime robuste résiste bien au vent. On utilise son bois, riche en résine, en construction, surtout pour les œuvres immergées. Dans certains endroits, on cultive les Pins noirs pour en extraire la résine. C'est un bel arbre d'ornement et un arbre de forêt important dans les régions chaudes.

Le Pin noir mesure en moyenne 40 mètres. Lorsqu'il pousse isolé, sa couronne s'étoffe et s'épanouit. Le tronc est recouvert d'un rhytidome noirâtre qui monte haut dans la cime. Les aiguilles rigides, longues de 8 à 15 cm et larges de 1,5 à 2 mm, sont insérées par deux (1). L'arbre fleurit vers la fin du mois de mai. Les fleurs mâles sont jaunes, longues de 2 cm et regroupées sur les rameaux de l'année précédente. Les fleurs femelles sont rougeâtres, placées à la pointe de jeunes pousses. Les cônes mûrissent pendant deux ans. De forme ovoïde, ils mesurent 4–8 cm. Les écailles sont brun jaunâtre (2). Les semences de différentes couleurs mesurent 5–7 mm et sont munies d'une aile de 2 cm (3).

2
1
1
3

Pin jaune ou **à bois lourd** — Pinacées
Pinus ponderosa DOUGL. — *Pinaceae*

Le Pin jaune est originaire des montagnes Rocheuses. Il pousse sur un vaste territoire qui s'étend depuis le Mexique (23° de latitude Nord), la Californie et l'Oregon, jusqu'à la Colombie Britannique, au Canada (52° de latitude Nord). Il apparaît à différentes altitudes, entre 300 et 2100 mètres, mais surtout dans les zones d'humidité moyenne (400—700 mm par an). Dans son habitat d'origine, il atteint la taille de 40 à 50 mètres, un diamètre de 3 mètres, et peut vivre jusqu'à cinq cents ou même six cents ans. On l'a introduit en Europe en 1827. L'appareil racinaire du Pin jaune est très profond, l'arbre supportant ainsi une sécheresse même prolongée. Il pousse sur des terrains bien ensoleillés, mais de qualité et d'humidité médiocres. Sa croissance est lente au cours des premières années, mais s'accélère par la suite. A vingt ans, l'arbre mesure 8 mètres, et les sujets adultes grandissent plus rapidement que chez le Pin sylvestre. L'arbre supporte bien le gel, seules les extrémités de ses aiguilles peuvent en souffrir pendant les hivers particulièrement rudes. En Europe occidentale et centrale, on le plante souvent isolé dans les parcs, à titre ornemental. Son bois est résistant, riche en résine, aux usages multiples. On l'utilise souvent en construction.

Le Pin jaune est un arbre robuste à port conique, son branchage est serré et puissant. En Europe, il peut atteindre la taille de 40 mètres. Le tronc est recouvert d'un rhytidome épais, profondément cannelé. Les aiguilles vert clair mesurent 15 à 25 cm de long sur 1,5 mm de large. Elles sont rigides, insérées par trois (2) et regroupées sur les extrémités des rameaux (1). L'arbre fleurit au début de juin et les fleurs femelles mesurent 3 cm. Les cônes mûrissent l'année suivante. Ils sont de forme ovoïde, brun clair, longs de 8 à 15 cm et, une fois ouverts, larges de 4 à 7 cm. Souvent, ils sont regroupés par trois ou quatre. Les écaillles protectrices sont souvent munies d'un petit piquant (3). Les cônes tombent tôt et, en chutant, laissent sur la branche une rosace d'écailles de la base. La semence de 6 à 9 mm est brune, dotée d'une aile de 2 cm.

1
2
3

Séquoia géant Taxodiacées

Sequoiadendron giganteum (LINDL.) BUCHHOLZ *Taxodiaceae*

Le Séquoia géant est, sans aucun doute, l'arbre le plus célèbre d'Amérique du Nord. Il pousse sur les versants occidentaux de la Sierra Nevada, en Californie, à une altitude de 1400 à 2700 mètres. Certains endroits où il pousse, comme le King's Canyon, le parc national de Yosemite, sont protégés comme réserves nationales, et les plus grands sujets portent les noms de personnalités illustres. Le Séquoia atteint, dans son habitat d'origine, la taille de 80 à 100 mètres et un diamètre de 8 à 9 mètres. On a pu constater que l'âge des vieux arbres va de trois mille cinq cents à quatre mille ans. Le Séquoia géant fut introduit en Europe en 1854, et depuis, des arbres majestueux ornent les parcs d'Europe occidentale, centrale et méridionale.

Jeune, le Séquoia pousse dans la pénombre, mais les arbres adultes ont besoin d'un bon ensoleillement. Pour qu'il puisse croître dans de bonnes conditions, il faut lui ménager, en Europe, un emplacement abrité, ensoleillé et assez humide. Les températures inférieures à −25 °C l'endommagent, mais il possède une bonne capacité de régénérescence. Dès le plus jeune âge, il a une profonde racine pivotante qui rend difficile la transplantation des jeunes plants. Il se reproduit aussi bien par semences que par boutures: les cônes atteignent leur taille définitive en automne de l'année qui suit la fécondation, la dissémination a lieu au printemps de l'année suivante. Les graines conservent la faculté de germination pendant dix ans. Le bois est rouge brunâtre et très pérenne: les troncs des arbres déracinés il y a mille ans sont toujours sains. C'est un bel arbre d'ornement qu'il faut planter, cependant, dans un endroit abrité.

En Europe, le Séquoia géant ne dépasse pas 40 mètres. Fort à la base, le tronc s'effile vers le haut. La couronne est large et conique. L'écorce brun rougeâtre pèle par franges. Les aiguilles squamiformes sont longues de 3 à 6 mm et larges de 1 mm, celles des rameaux principaux mesurent de 10 à 15 mm. Elles adhèrent au rameau, les extrémités seules se décollent légèrement (1). Les cônes ovoïdes de 5 à 7 cm de long sur 4 cm de large pendent sur un pédicelle de 2 à 2,5 cm (2). Ils contiennent 30 à 40 écailles ligneuses et rhomboïdes, disposées en spirales, chacune étant barrée par une strie centrale. Chaque écaille abrite 5 ou 7 semences aux bords ailés (3).

♀
1
2
3

Métaséquoia Taxodiacées

Metasequoia glyptostroboides HU et CHENG *Taxodiaceae*

Le Métaséquoia est l'un des derniers arbres du climat tempéré que l'on ait découverts. La paléobotanique connaissait son existence grâce aux fossiles, mais ce n'est qu'en 1944 qu'on découvrit en Chine l'arbre vivant: on a pu ainsi décrire une nouvelle espèce. Le Métaséquoia pousse sur un territoire restreint entre les provinces Houpeï et Setchouan, dans la vallée du fleuve Yangzi, à une altitude qui varie de 700 à 1300 mètres. Dans cette région, les précipitations sont de 1000—1250 mm par an, et la température minimale est de —10 °C, rarement de —15 °C. Le Métaséquoia pousse sur les sols légers, humides et à proximité des cours d'eau, pour qu'il puisse atteindre les eaux souterraines avec ses racines. Il fut introduit en Europe en 1947. Ajourd'hui, on le cultive dans les parcs d'Europe occidentale, méridionale et centrale, à titre ornemental. C'est un arbre à croissance rapide qui, à vingt ans, atteint la taille de 9—12 mètres. Vieux, il dépasse 30 mètres. Ses racines pénètrent très profondément dans le sol. Le Métaséquoia demande beaucoup de soleil et d'humidité. Ses aiguilles restent d'un vert tendre pendant toute la saison végétative, ce qui en fait un arbre très décoratif. Décidu, il perd ses feuilles avec les brachyblastes en automne. Les jeunes spécimens sont sensibles au gel, mais récupèrent rapidement, même si le bourgeon terminal est atteint. Les vieux arbres arrivent à supporter jusqu'à —25 °C. C'est un bel arbre d'ornement qu'il faut planter dans les endroits humides.

Le Métaséquoia est un conifère décidu qui atteint généralement la taille de 30 mètres. Son tronc s'effile vers le sommet et est recouvert d'un rhytidome brunâtre qui s'écaille. Les rameaux sont disposés en paires opposées, disposition qu'on décèle facilement dès l'apparition des bourgeons et qui différencie le Métaséquoia du Cyprès chauve *(Taxodium distichum).* Les aiguilles, longues de 2 à 5 cm et larges de 2 mm, sont vert pâle, plates, disposées en paires opposées et en deux rangées pectinées (1). En automne, elles jaunissent et tombent. Le Métaséquoia fleurit en juin. Les fleurs mâles forment des épis jaunes, les fleurs femelles poussent isolées sur les extrémités des rameaux, à la cime de l'arbre. Les cônes mûrissent dans la même année, en automne. Longs de 1 à 2 cm, ils sont presque sphériques et se composent de 20 à 30 écailles (2). Le pédicelle a environ 3 cm de long. La graine mesure 4—5 mm et est dotée de deux ailes.

1
2

Cyprès chauve ou **Cyprès de Louisiane** Taxodiacées
Taxodium distichum (L.) RICH. *Taxodiaceae*

Originaire du sud-est des États-Unis, le Cyprès chauve est courant dans la Caroline du Nord et du Sud, dans l'Illinois, le Mississippi, la Louisiane et le Texas. Il affectionne particulièrement les terrains détrempés, marécageux ou souvent inondés, dans les bassins des grands fleuves où il se regroupe en formations exemptes de tout mélange avec d'autres arbres. Dans les marécages, il développe, à la base de son tronc, des racines respiratoires, dites pneumatophores, qui l'approvisionnent en oxygène. Longues de un mètre, elles poussent à la verticale jusqu'à ce qu'elles émergent de l'eau. Sur les terrains plus secs, le Cyprès chauve est souvent associé aux feuillus des espèces *Nyssa aquatica, Carya aquatica* et *Quercus palustris* (Chêne des marais). Le Cyprès chauve vit jusqu'à 300, et même 500 ans. C'est un arbre caduc qui perd ses feuilles en automne; il a des rameaux latéraux, longs de 10 cm. Il fut introduit en Europe dès 1640. On le plante dans les endroits humides comme arbre d'ornement. Il est fréquent dans les parcs d'Europe occidentale, méridionale et centrale. De croissance rapide, il recherche l'ensoleillement et l'humidité tout à la fois, de préférence à proximité d'un cours d'eau. Il dépérit sur un terrain sec et, jeune, il ne supporte pas le gel. Les vieux arbres, par contre, deviennent résistants aux grands froids.

En Floride, en Caroline du Sud et du Nord, pousse une espèce voisine, *Taxodium ascendens.* Très sensible au froid, cet arbre recherche les marais aux eaux stagnantes. Tous les *Taxodium* se reproduisent par graines.

Le Cyprès chauve atteint, à l'âge adulte, la taille de 30 à 50 mètres et un diamètre de 2 mètres. Le tronc s'élargit rapidement vers la base. Les rameaux sont fins, les bourgeons latéraux à peine visibles. Les aiguilles vert pâle, longues de 10 à 16 mm sont disposées de part et d'autre du rameau en deux rangées (1). Les cônes ovoïdes, presque sphériques, de 2 à 3 cm, pendent sur un court pédicelle (2). Ils se composent de dix à quinze écailles dont chacune abrite une ou deux graines (3). Les cônes mûrissent dans la même année, tombent tout entiers et se défont sur le sol. Le Cyprès chauve se distingue du Métaséquoia par ses bourgeons à peine visibles et par ses aiguilles plus courtes et alternes.

2
1
3

Cryptomeria Taxodiacées
Cryptomeria japonica (L. FIL.) D. DON *Taxodiaceae*

Ce conifère à feuillage persistant est originaire du Japon, de îles Hondo, Shikoku et Kyushu où il pousse à une altitude de 600 à 1200 mètres, et de Chine où il est courant dans les provinces de Tho-kiang et de Fou-kien. Il recherche les régions aux pluies abondantes et au taux élevé d'humidité atmosphérique. Au Japon, il atteint la taille de 40 à 50 mètres et le diamètre de 2 mètres. Il pousse soit dans les groupements spécifiques, soit associé au Cyprès d'Hinoki *(Chamaecyparis obtusa),* au Torreya, et aux différents Sapins, Pins et Érables. Il commence à porter des fruits tôt, vers sa quinzième année. Le Cryptomeria fut introduit en Europe en 1842. Il s'est bien adapté au climat maritime d'Europe occidentale. En Europe centrale, par contre, il craint les basses températures. Jeune, il recherche l'ombre et une situation à l'abri du gel. Les vieux spécimens, par contre, préfèrent une exposition au soleil. Sous un climat doux et humide, le Cryptomeria pousse bien et rapidement. Au Japon, on le plante pour son bois léger et pérenne qu'on utilise pour la construction navale, et pour les œuvres immergées. Si, au Japon, on le cultive pour son bois, en Europe on le plante uniquement dans un but ornemental. Dans les parcs, on cultive également sa variété, *C. japonica* f. *elegans* Veitch, aux longues aiguilles flexibles, petit arbre très décoratif dont la taille ne dépasse pas 5 mètres et qui est encore plus sensible au froid que le Cryptomeria.

En Europe, le Cryptomeria atteint 20 à 30 mètres. Sa couronne est conique, très dense, son tronc est recouvert d'une écorce qui pèle en écailles allongées. Les aiguilles mesurent 6—15 mm et sont recourbées en demi-lune. Elles sont pointues et disposées en spirale autour du rameau (1). Le Cryptomeria fleurit tôt au printemps. Les fleurs mâles de 6 mm poussent dans les aisselles des feuilles, alors que les fleurs femelles, presque globuleuses, sont situées au bout des rameaux. Les cônes mûrissent en automne de la première année. Longs de 15 à 22 mm, sphériques, ils se composent de quinze à trente écailles qui se terminent par quatre ou cinq épines (2). Chaque écaille abrite deux à cinq graines triangulaires. Elles sont munies d'une aile qui leur permet de s'envoler quand le cône s'ouvre.

2

1

Cèdre à encens ou **Calocèdre** ou **Libocèdre** Cupressacées
Calocedrus decurrens (TORREY) FLORIN, *Cupressaceae*
syn. *Libocedrus decurrens* TORR.

Ce n'est qu'en 1956 que le Calocèdre devint un genre à part entière. Avant, on le classait dans le genre *Libocedrus.* Dans son habitat d'origine, la Californie et l'Oregon, il atteint la taille de 30—40 mètres. Il pousse dans les forêts mixtes, mêlé aux Sapins de Vancouver, de Douglas et aux Pins jaunes. Il recherche plus spécialement les terrasses alluviales au pied des montagnes. Son appareil radical s'étale en largeur et en profondeur de sorte que l'arbre ne craint pas le vent. Sa couronne en fuseau lui permet de supporter facilement le poids de la neige. Le Calocèdre fut introduit en Europe en 1852. On le cultive fréquemment en Europe occidentale et méridionale, mais beaucoup plus rarement en Europe centrale. Pourtant, il supporte bien le gel, jusqu'à —30 °C. Pour qu'il puisse se développer dans de bonnes conditions, il lui faut un sol assez profond et humide. Il supporte bien les substrats calcaires et la pollution atmosphérique. C'est un arbre qui n'aime pas l'exposition directe au soleil. Jeune, il croît lentement et ne commence à donner des fruits qu'à partir de cinquante ans, et tous les trois ou quatre ans. Son bois est léger et pérenne, au bois de cœur rougeâtre. On l'utilise en construction et pour la fabrication de crayons. En Europe, on le plante uniquement dans les parcs, comme arbre d'ornement.

En Europe, le Calocèdre ne dépasse pas 30 mètres. Sa couronne en fuseau est très dense. Le tronc s'élargit vers la base. L'écorce brun-rouge pèle par longues écailles. Les feuilles squamiformes, longues de 4 mm, sont disposées en verticilles de quatre autour des rameaux plats (1, 2). Le Calocèdre fleurit vers la fin du mois d'avril. Les chatons mâles sont jaunes et poussent à l'extrémité des rameaux latéraux. Les fleurs femelles sont vertes. Les cônes mûrissent en septembre, dans la première année. Ils sont de forme allongée ovoïde, et mesurent à peu près 25 mm. Ils se composent de trois paires d'écailles ligneuses, terminées par une courte pointe, tournée vers l'extérieur (3). Les graines se trouvent uniquement sous les deux écailles du milieu; chacune d'entre elles en abrite deux. La semence allongée est munie de deux ailes de longueur différente (4).

1
2
3
4

Cyprès méditerranéen Cupressacées
Cupressus sempervirens L. *Cupressaceae*

Comme son nom l'indique, le Cyprès méditerranéen est un arbre caractéristique des pourtours de la Méditerranée. A l'origine, il n'apparaissait que dans sa zone orientale, en s'étendant à travers la Turquie jusqu'au nord de l'Iran. Actuellement, il pousse dans toutes les régions méditerranéennes ainsi qu'en Europe occidentale, en Inde, sur le continent américain et ailleurs. Dans la Rome antique, on le considérait comme un arbre funéraire et on le plantait alors fréquemment dans les cimetières. Le Cyprès méditerranéen affectionne le climat chaud aux hivers doux. En Europe occidentale, il ne pousse que sur le littoral car il ne saurait supporter le climat continental. Il peut survivre à des chutes de températures de courte durée, mais pas en dessous de −10 °C. Grâce à sa puissante racine pivotante qui pénètre très profondément dans le sol, il peut pousser dans les endroits secs, sans souffrir des étés torrides. Jeune, il s'accommode d'un ensoleillement moyen. Les vieux spécimens, par contre, ont besoin d'une bonne exposition au soleil. Il commence à fleurir et à donner des fruits très jeune, à peu près vers la cinquième année. Sa variété *horizontalis,* dotée d'une couronne ample, sert à reboiser les endroits secs, surtout à substrat calcaire. La variété *pyramidalis* à port colonnaire est plantée dans les parcs à titre ornemental ou dans les allées. Le Cyprès méditerranéen se caractérise par une grande longévité: il peut vivre, en effet, jusqu'à cinq cents, et même jusqu'à sept cents ans. Son bois a une odeur particulière et dans l'Antiquité, on l'utilisait pour la construction de temples et de navires.

C. *sempervirens*
var. *pyramidalis*

C. *sempervirens*
var. *horizontalis*

Le Cyprès méditerranéen atteint 25—30 mètres. Il développe deux variétés qui se différencient par la forme de leur couronne: la variété *pyramidalis* a une couronne élancée, fuselée, dense, aux branches ascendantes. La forme *horizontalis* a une couronne large, moins serrée, aux branches étalées, poussant à l'horizontale. Ses feuilles vert sombre sont squamiformes et mesurent à peu près 1 mm. Elles sont disposées en paires opposées et très serrées, en formant quatre rangées le long du rameau (1, 2) de section quadrangulaire. L'arbre fleurit en avril. Les fleurs mâles sont petites, allongées et jaunes. Les cônes femelles sont verts et globuleux. En mûrissant, ils deviennent ovoïdes, longs de 2 à 3 cm. Ils comportent six à douze écailles (3). Leur développement dure deux ans. Mûrs, ils s'ouvrent, et chaque écaille libère huit ou dix petites graines plates (4).

2
1
4
3

Cyprès de Lawson

Chamaecyparis lawsoniana (MURRAY) PARL.

Cupressacées
Cupressaceae

Cyprès de Sawara

Chamaecyparis pisifera ENDL.

Le Cyprès de Lawson est originaire d'une région assez restreinte qui s'étend en bande sur le littoral de la Californie et de l'Oregon. Mêlé aux Sapins de Douglas et de Vancouver, aux Épicéas de Sitka et aux Thuyas géants, il ne monte guère au-delà de 1400 mètres. Pour son développement, il lui faut un milieu humide: il pousse mal sur les sols secs et peu profonds ou dans les endroits où le taux d'humidité atmosphérique est faible. Les jeunes arbres grandissent lentement et se contentent d'un ensoleillement moyen. Les vieux spécimens, par contre, recherchent la lumière. Le Cyprès de Lawson fut introduit en Europe en 1854, et de nos jours, il est fréquent en Europe occidentale et même en Europe centrale bien qu'il soit sensible au gel. Il donne des fruits tous les deux ans, à partir de sa vingtième année. C'est une espèce qui vit jusqu'à trois cents — quatre cents ans.

Le Cyprès de Sawara *(Ch. pisifera)* est une espèce très proche qui provient des îles japonaises de Hondo et de Kyushu. Le Cyprès de Sawara résiste mieux au froid que l'espèce précédente, mais lui aussi a besoin d'un écosystème humide. Ses cônes sont plus petits et le dessin blanc sur l'envers des aiguilles est plus net que chez le Cyprès de Lawson. Il fut introduit en Europe en 1861. Actuellement, on le cultive couramment en Europe occidentale, centrale et même septentrionale, plus particulièrement en Finlande. Les deux Cyprès développent un grand nombre de variétés et de cultivars décoratifs qu'on plante dans les parcs et dans les jardins.

C. lawsoniana

En Europe, la taille du Cyprès de Lawson est de 30—40 mètres. Sa couronne est étroite et conique, à l'apex incliné. Les aiguilles décussées portent sur la face interne un discret dessin blanc (1, 2). Les fleurs mâles sont rougeâtres, les chatons femelles vert bleuté. Les cônes globuleux de 7—8 mm de diamètre (3) mûrissent en automne de la première année. Ils se composent de huit écailles avec une dépression centrale, dont chacune abrite deux ou quatre petites semences plates.

Le Cyprès de Sawara atteint 25—30 mètres. Sa couronne conique est assez large. Les feuilles squamiformes sont disposées comme celles de l'espèce

1

3

4

précédente, mais le dessin blanc de leur envers est plus net (4, 5). Les cônes sphériques aux écailles légèrement bombées ont 5 ou 6 mm de diamètre. Ils mûrissent dans la première année.

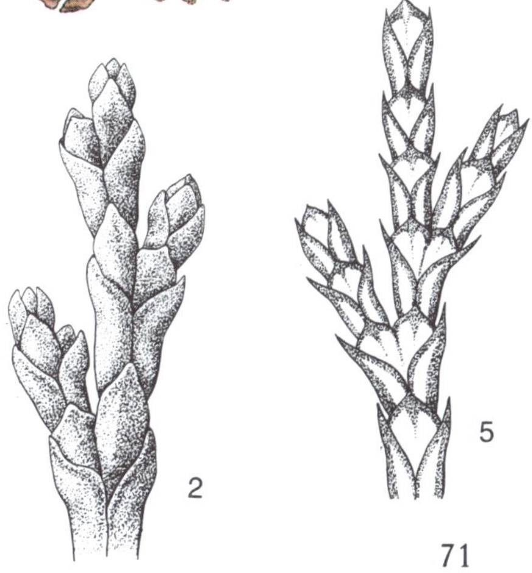

2

5

Thuya géant — Cupressacées
Thuja plicata D. DON — *Cupressaceae*

Le Thuya géant est originaire des régions occidentales d'Amérique du Nord. Son aire d'extension occupe le littoral depuis la Californie (39° de latitude Nord) jusqu'au sud de l'Alaska (57° de latitude Nord). Dans l'arrière-pays, le Thuya géant apparaît dans l'État d'Idaho, la province canadienne d'Alberta et sur les versants occidentaux des montagnes Rocheuses. Il bénéficie cependant de meilleures conditions sur le littoral et dans les bassins de rivières ou ruisseaux. Il peut y atteindre la taille de 45 à 60 mètres et le diamètre du tronc, 1 à 2 mètres. Son espérance de vie varie entre trois cents et sept cents ans. Il pousse dans les forêts mixtes, associé aux Sapins de Douglas, de Vancouver et à l'Épicéa de Sitka. Dans les montagnes Rocheuses, il est souvent mêlé aux Pins blancs de montagne *(Pinus monticola)*, aux Tsugas de l'Ouest, aux Sapins de Douglas et aux Épicéas d'Engelmann. Le Thuya géant fut introduit en Europe en 1853. En Europe occidentale et centrale, on le plante expérimentalement dans les forêts et c'est un arbre d'ornement apprécié. Le Thuya géant est une espèce qui recherche l'ombre. Jusqu'à dix ans, il pousse lentement; à vingt ans, il atteint 7 mètres, puis, sa croissance s'accélère. Il a besoin d'un sol assez humide, mais de qualité médiocre. Sur les spécimens solitaires, les branches commencent à pousser depuis la base du tronc. Les branches les plus basses prennent souvent racine au contact du sol, et ce marcottage naturel donne ainsi naissance à des clones. En Europe centrale, il est souvent endommagé par le gel. Son bois est léger, mais très pérenne. Les Amérindiens l'utilisaient pour construire leurs habitations, les canoës et pour sculpter les totems. Comme il se fend facilement, il sert à fabriquer les toitures, les boiseries et les meubles légers. On l'utilise également comme bois d'œuvre. Dans les parcs, on rencontre fréquemment les cultivars 'Aureovariegata' aux rameaux rayés de jaune, et 'Atrovirens' au feuillage d'un vert sombre brillant.

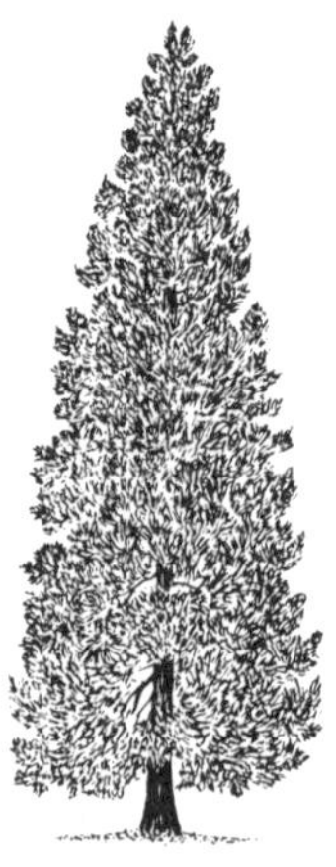

En Europe, la taille du Thuya géant varie entre 30 et 50 mètres. Il est doté d'une puissante couronne conique, terminée par un apex bien droit. L'écorce brun-gris qui recouvre les jeunes arbres devient brun rougeâtre au fil des années. Les rameaux sont disposés à l'horizontale et dégagent un fort parfum aromatique lorsqu'on les froisse. Les feuilles squamiformes, longues de 2 mm, adhèrent de toute leur longueur au rameau plat. Leur face externe est vert brillant, la face interne portant un faible dessin blanchâtre (1, 2). Les

fleurs mâles et les fleurs femelles poussent à la pointe des rameaux. Les cônes allongés et ovoïdes, longs de 11 mm, se composent de 10 ou 12 écailles coriaces (3). La semence est menue, plate, longue de 6 mm environ et munie d'une aile.

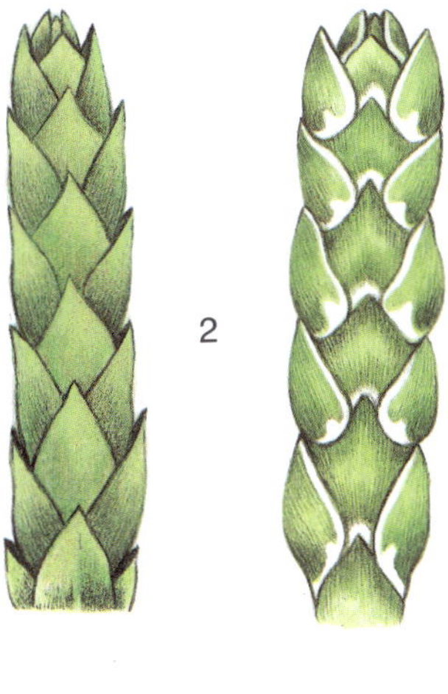

Thuya du Canada Cupressacées
Thuja occidentalis L. *Cupressaceae*

Thuya d'Orient
Thuja orientalis L.

Arbre indigène d'Amérique du Nord, le Thuya du Canada pousse dans la région des Grands Lacs, et, plus au nord, jusqu'à la baie d'Hudson. Il apparaît sporadiquement dans les Appalaches. Le Thuya du Canada peut former des peuplements uniques sur les sols boueux ou calcaires, mais en général, il pousse dans les forêts de résineux, associé aux Pins de Weymouth, aux Tsugas du Canada, aux Mélèzes d'Amérique. Comme il ne dépasse pas 15 à 20 mètres de haut, il forme souvent la strate intermédiaire entre les strates arborescente et arbustive. Il fut introduit en Europe dès 1540, et aujourd'hui, il est commun dans les parcs d'Europe occidentale et centrale. Le Thuya du Canada résiste parfaitement au gel et ses exigences sont modestes quant à la lumière et à la qualité du sol. Souvent, on le plante en haies sempervirens ou dans les cimetières. Dans les jardins, on cultive toute une série de variétés décoratives: 'Malonyana' et 'Fastigiata' au port colonnaire étroit, 'Aureovariegata' et 'Lutea' au feuillage coloré ou bien 'Globosa' et 'Recurva nana', variétés naines à port sphérique.

Le Thuya d'Orient *(T. orientalis)* provient de Corée et du nord-est de la Chine. C'est un arbrisseau à croissance lente, dont la taille maximum varie entre 10 et 16 mètres. Il fut introduit en Europe en 1737 et il est devenu commun en Europe occidentale, méridionale et centrale. Il recherche un ensoleillement moyen et se contente des sols peu profonds et secs. En Europe centrale, il souffre du froid, c'est pourquoi on le cultive uniquement dans les endroits ensoleillés et abrités. C'est un arbre d'ornement très apprécié. On le plante souvent en haies car il se laisse très bien tailler.

T. occidentalis

T. orientalis

Le Thuya du Canada est un arbre à port conique étroit, à l'apex dressé. Ses branches poussent à l'horizontale et son tronc est recouvert d'une écorce gris-brun. Ses aiguilles plates, squamiformes sont disposées en verticilles de quatre (3). Leur face supérieure est vert foncé (1), alors que leur envers est vert jaunâtre sans dessin blanchâtre (2). Les cônes allongés de 8 à 12 mm, se composent de quatre ou cinq écailles ovulifères (4). La semence est plate à bord membraneux.

Le Thuya d'Orient est un petit arbre à port conique, aux rameaux pendants, moins aplatis que ceux de l'espèce précédente et verts, aussi bien à l'endroit qu'à l'envers. Les feuilles sont disposées en

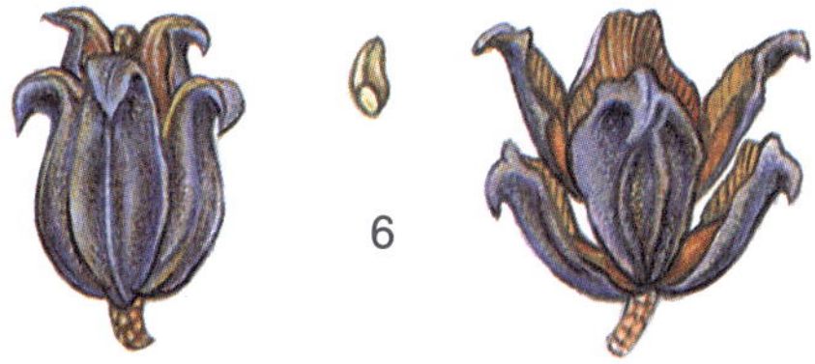

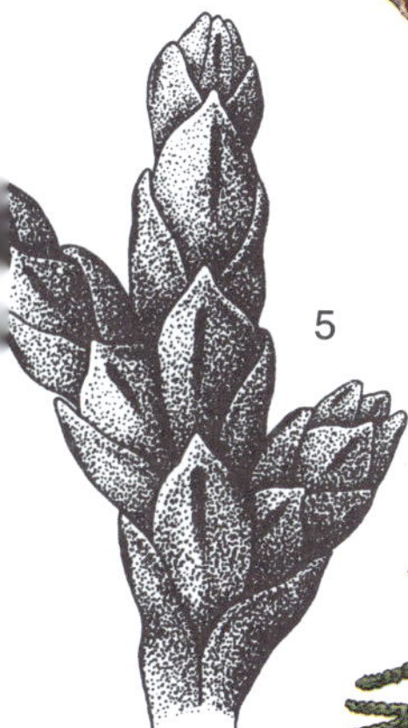

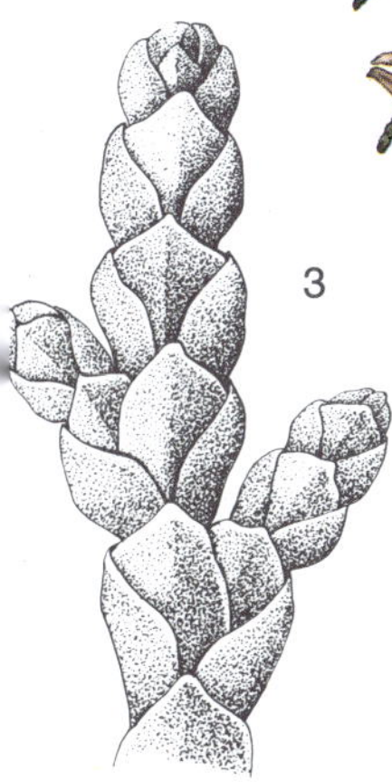

paires opposées, la paire centrale portant une petite glande résinifère bien apparente (5). Les cônes mesurent 11 à 15 mm. Ils sont charnus, d'un bleu velouté, chaque écaille se terminant par une pointe crochue (6). La semence de 5 mm n'est pas plate; elle ressemble plutôt au grain du seigle.

Genévrier commun Cupressacées
Juniperus communis L. *Cupressaceae*

Le Genévrier commun est l'un de ces arbres cosmopolites dont l'aire d'extension occupe une superficie immense: arbre indigène d'Europe, il apparaît au-delà du cercle polaire, dans le nord de l'Afrique et en Asie Mineure; à l'est, il pénètre profondément en Sibérie, en traversant l'Oural. Il pousse également en Amérique du Nord. Il existe surtout sous forme d'arbuste, mais on peut également rencontrer de petits arbres dont la taille varie entre 12 et 15 mètres. Le Genévrier commun vit jusqu'à a quatre-vingts à cent ans au maximum. Indifférent au climat et à la qualité du sol, il pousse en plaine et en montagne, jusqu'à une altitude de 1000 mètres. Il supporte aussi bien les sols calcaires que les substrats siliceux, les versants secs que les versants humides. Il est surtout fréquent dans les forêts dévastées ou dans les bois de pins clairs, car il ne supporte pas l'ombre. Pour cette raison, il pousse souvent dans les clairières, sur les pentes rocheuses et sur les landes de bruyère.

Le Genévrier commun développe, dès les premières années de sa croissance, une forte racine pivotante qui lui permet de prospérer même dans les endroits les plus secs. A cause de cette racine profonde, on a du mal à le transplanter. Le Genévrier est un arbrisseau «pionnier» qui reboise les clairières et les endroits d'où la forêt s'est retirée, et qui protège le sol de l'érosion. Ses variétés colonnaires sont souvent cultivées dans les parcs à titre décoratif. A l'étage subalpin, et dans les régions de la toundra, au nord de l'Europe, pousse sa petite variété *saxatilis*. C'est un arbuste trapu qui ne dépasse pas 50 cm de haut.

Le Genévrier commun est un arbuste solide ou un petit arbre à port conique, haut de 10 mètres en moyenne. Les fibres de son écorce gris brunâtre pèlent. Les aiguilles poussent en verticilles de trois. Longues de 10 à 15 mm, elles sont rigides et très pointues. Elles sont pratiquement perpendiculaires au rameau (1). Le Genévrier commun fleurit au début du mois de mai. Les fleurs s'ouvrent sur les rameaux d'un an, à l'aisselle des feuilles. Les fleurs mâles (2) sont jaunes, longues de 3 à 4 mm, les fleurs femelles (3) de 2 mm sont vertes. C'est un arbuste dioïque: les fleurs femelles et les fleurs mâles s'ouvrent sur des pieds différents. Les fruits (4) mûrissent pendant deux ans. Ce sont des cônes presque sphériques qui ressemblent à des baies bleues, d'un velouté noirâtre, et ont environ 5 à 7 mm de diamètre. Ils abritent

2 ♂

1

4

3 ♀

deux ou trois graines. Les aiguilles de la variété montagnarde *saxatilis* sont très denses et mesurent de 4 à 8 mm. Le diamètre de son cône est de 8 mm.

Genévrier de Virginie
Juniperus virginiana L.

Cupressacées
Cupressaceae

La zone d'extension du Genévrier de Virginie occupe les régions orientales du continent nord-américain, depuis l'Ontario, au Canada, jusqu'en Floride. Il apparaît sur les sols pauvres et peu profonds où il se regroupe en formations uniques, mais pousse également dans les forêts mixtes, associé à des feuillus tels que le Chêne quercitron *(Quercus velutina)*, le Jaquier noir *(Quercus marilandica)*, ou le Carya tomenteux *(Carya tomentosa)*. Le Genévrier de Virginie affectionne plus particulièrement les sols calcaires. A croissance lente, il n'atteint, en vingt ans, que 3 ou 4 mètres. Sa taille définitive varie entre 15 et 20 mètres, et le diamètre de son tronc ne dépasse pas 50 cm. Il peut vivre de deux cents à trois cents ans. Il pousse sans difficulté sur terrain sec, grâce à ses racines très profondes.

Ce Genévrier très décoratif a été introduit en Europe en 1648 et, depuis, on le plante dans les parcs à titre ornemental. Parmi ses formes les plus connues à port colonnaire on trouve le cultivar 'Glauca' aux aiguilles gris bleuté ou 'Skyrocket' à l'habitus très étroit et élancé. Le cultivar 'Tripartita' est également très apprécié: il se présente sous la forme d'un arbuste large dont les fleurs sont toujours mâles. Le Genévrier de Virginie a besoin d'un bon ensoleillement. Il résiste très bien au gel; c'est pourquoi il peut pousser même en Europe centrale. Son bois tendre se taille facilement et on l'utilisait jadis pour la fabrication de crayons.

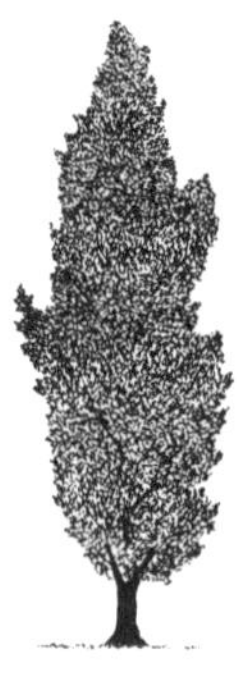

Le Genévrier de Virginie atteint, en Europe, 12 à 15 mètres. Petit arbre à port conique étroit, il se distingue par un branchage très dense et par une écorce brun-rouge qui pèle par fines lamelles. Ses rameaux sont fins, épais d'à peu près 1 mm et de section faiblement quadrangulaire. Ses feuilles (1) se présentent sous la forme d'aiguilles et d'écailles. Les écailles (2) prédominent sur les vieux spécimens. Elles mesurent 1,5 à 2 mm et sont disposées en quatre rangées serrées tout le long du rameau. Les aiguilles sont longues de 5 à 8 mm. Elles sont très acérées et poussent généralement par paires opposées. Leur face externe blanchâtre est cannelée. Les fruits en forme de baies mûrissent au cours de la première année. Longs de 5 à 6 mm, ovoïdes, ils sont d'un bleu velouté (3) et abritent une ou deux graines qui ne germent qu'au cours de la

seconde année. Les fruits du Genévrier de Virginie sont appréciés par les oiseaux qui s'en régalent et répandent ainsi ses graines dans la nature.

Genévrier sabine — Cupressacées
Juniperus sabina L. — *Cupressaceae*

Le Genévrier sabine est un arbuste au feuillage persistant, dont la taille ne dépasse pas 2 mètres, mais qui s'étale en largeur. Le tronc se divise presque au niveau du sol, les principales branches poussent à l'horizontale; leurs extrémités, cependant, sont ascendantes. Il est originaire du sud de l'Europe et apparaît fréquemment dans les régions montagneuses d'Espagne, d'Italie, des Balkans, de Crimée et dans le Caucase. Son aire d'extension s'arrête, au nord, dans les Carpates, à l'est, en Asie centrale. Espèce montagnarde, le Genévrier sabine recherche les endroits secs, rocheux, au sol pauvre et peu profond, mais très bien ensoleillé. Les versants chauffés au soleil représentent, pour lui, un écosystème privilégié. Ses branches qui touchent le sol peuvent prendre racine et donner naissance, par marcottage naturel, à un clone. Le Genévrier sabine dégage une forte odeur aromatique, assez désagréable, qui plane au-dessus de ses tapis pendant les grandes chaleurs. Les essences de l'arbuste contiennent une substance fortement toxique, le sabinol, qui provoque des crampes et des inflammations d'estomac, des reins et de l'utérus. Autrefois, on l'utilisait comme abortif. Il existe un grand nombre de ses cultivars qui diffèrent entre eux par la couleur de leur feuillage ou par leur forme: l' 'Erecta' a des branches ascendantes, le 'Tamariscifolia' est bas et étalé, le 'Glauca' a des aiguilles d'un gris acier et le 'Variegata', des rameaux verts, émaillés de taches d'un blanc crémeux. On les cultive dans les parcs à titre ornemental, mais, comme ils sont extrêmement vénéneux, il est déconseillé de les planter à proximité des terrains de jeux des enfants.

Le Genévrier sabine est un arbuste aux branches étalées au ras du sol. Sa taille moyenne est de 0,5 à 1 mètre. Sur les jeunes spécimens et sur les branches inférieures des vieux arbustes, on peut observer des aiguilles longues de 3 à 5 mm (3). Elles sont opposées et leur face supérieure est parcourue par une strie blanchâtre. Mais le feuillage prédominant sur les individus adultes est squamiforme (1). Ces feuilles, longues de 1 à 2 mm, sont opposées et portent une petite glande résinifère. Elles dégagent une odeur désagréable lorsqu'on les écrase. Les fleurs mâles et femelles s'ouvrent sur des pieds séparés. Les chatons femelles ressemblent à des baies et pendent sur de courts pédicelles. Ils sont de forme ovoïde, longs de 5 à 7 mm et d'un gris velouté (2). Ils abritent deux ou trois graines.

1
2
3

Torreya du Japon Taxacées

Torreya nucifera SIEB. et ZUCC. *Taxaceae*

Le Torreya du Japon est originaire des îles Hondo, Shikoku et Kyushu. De petite taille, il fait partie de la strate arbustive, avec l'If du Japon *(Taxus cuspidata)* et le Cephalotaxus du Japon *(Cephalotaxus drupacea).* Quant à sa répartition altitudinale, sur l'île Hondo, elle s'étend jusqu'à une altitude de 1000 mètres, sur l'île Shikoku, jusqu'à 1400 mètres, et enfin sur l'île Kyushu, jusqu'à 1800 mètres. Il ne peut pousser que sur les sols suffisamment humides, sous un climat maritime. Dans son habitat d'origine, sa taille varie entre 10 et 25 mètres. Il pousse à l'ombre de grands arbres, ce qui, loin de le gêner, convient à son mode de vie. Le Torreya du Japon fut introduit en Grande-Bretagne dès 1764. Malheureusement, il ne put s'acclimater et dépérit peu à peu. C'est seulement en 1940 que le professeur Siebold, zoologiste et physiologiste allemand, le réintroduisit en Europe. Actuellement, il pousse couramment dans les parcs et jardins botaniques, en Grande-Bretagne, en France, en Allemagne et dans le sud de l'Europe. Dans la plupart des pays, il arrive à donner des fruits. Bien qu'il soit, parmi les espèces appartenant à la même famille, l'arbre qui supporte le froid, le Torreya du Japon est, en Europe, souvent abîmé par le gel. C'est pour cette raison qu'on doit le planter de préférence dans les endroits chauds et abrités. On plante les semences en automne, ou bien on les conserve par stratification. Il peut se propager végétativement par bouturage, mais, par ce procédé, on n'obtient que des arbustes. Le bois au cœur jaune est très pérenne, et on l'utilise en construction navale, et dans le bâtiment. Il est dépourvu de canaux résinifères. Les fruits contiennent des lipides et sont comestibles. En Amérique du Nord pousse une espèce proche, le Muscadier de Californie *(Torreya californica)* dont les aiguilles sont plus longues (4—7 cm) et qui est sensible aux basses températures.

La taille du Torreya du Japon varie, en Europe, entre 8 et 15 mètres. Sa couronne conique est large, son écorce brun rougeâtre s'écaille. Les aiguilles mesurent 17 à 35 mm de long sur 2 à 3 mm de large. Leur face supérieure est vert foncé brillant, l'envers porte deux bandes brunâtres. Elles sont légèrement recourbées, aux bouts pointus et disposées en deux rangées de part et d'autre du rameau (1). C'est un arbre dioïque. Les fleurs mâles poussent sur la face supérieure des rameaux et mesurent 7 à 13 mm. Les fleurs

femelles sont disposées en paires sur des brachyblastes. La graine (2) protégée par un arille (3) est de forme elliptique, allongée, longue de 2 à 3,5 cm, verdâtre, teintée de brun-rouge.

If commun — Taxacées

Taxus baccata L. — *Taxaceae*

L'If commun est répandu pratiquement dans toute l'Europe occidentale, méridionale et centrale. Au nord, son aire d'extension s'arrête en Écosse à 58°, en Norvège à 61° de latitude Nord. A l'est, elle occupe la superficie de l'Allemagne et de la Pologne, jusqu'à la région de Riga en Lettonie, jusqu'aux Carpates et dans les Balkans. L'If commun apparaît aussi sporadiquement en Asie Mineure, dans le nord de l'Iran et dans le Caucase. En Grande-Bretagne et dans le Caucase, on peut rencontrer les spécimens les plus grands, hauts de plus de 20 mètres et aux dimensions exceptionnelles. Les populations d'If commun sont plus denses dans les Carpates où on peut dénombrer jusqu'à cinquante mille individus sur des superficies assez restreintes. L'If commun ne forme jamais de peuplements spécifiques mais pousse associé à d'autres arbres. C'était un arbre autrefois très fréquent dans les forêts, mais depuis cinq cents à sept cents ans, ses populations se sont considérablement raréfiées à cause des interventions néfastes de l'homme. Au Moyen Age, on utilisait son bois flexible pour la fabrication d'arcs et, plus tard, de meubles. Le défrichage systématique l'a également fait régresser et, de nos jours, il est protégé dans presque tous les pays d'Europe. En général, l'If commun pousse dans les forêts mixtes dans lesquelles prédomine le Hêtre, à une altitude variant entre 300 et 1000 mètres, et sur les pentes rocheuses et calcaires. Il est sensible au gel et n'apparaît pas sous les climats continentaux. C'est un arbre qui pousse lentement, recherche l'ombre et peut vivre jusqu'à mille ans. A l'exception de l'arille qui abrite la graine, tout l'arbre contient un dangereux alcaloïde toxique, appelé taxine. On peut le tailler et le reproduire par boutures. L'If commun est indifférent à la pollution des villes. Des cultivars nombreux et variés (à port colonnaire, aux aiguilles multicolores, et autres) sont plantés à titre ornemental dans les parcs.

La taille de l'If commun varie entre 10 et 18 mètres. Sa large couronne conique touche presque le sol. Le tronc sinueux est recouvert d'une fine écorce brun-rouge qui pèle par plaques. Les aiguilles plates et pointues mesurent 15 à 30 mm de long sur 2 à 2,5 mm de large. La face supérieure est vert sombre, l'envers vert-jaune (1). L'If commun étant un arbre dioïque, les fleurs mâles et les fleurs femelles s'ouvrent sur des pieds différents. Les fleurs mâles jaunes poussent sur la face inférieure des rameaux (2). Les fleurs femelles vertes ressemblent à des

2 ♂

bourgeons et poussent sur la face supérieure des rameaux. La graine ovoïde mesure 6 à 7 mm et est protégée par un arille rouge charnu (3).

Ginkgo ou **Arbre aux quarante écus** — Ginkgoacées
Ginkgo biloba L. — *Ginkgoaceae*

Le Ginkgo est aujourd'hui le seul représentant de la famille des Ginkgoacées qui comptaient de nombreuses espèces à l'époque du tertiaire. C'est pour cette raison que Darwin l'appelait «le fossile vivant». Il est très difficile de déterminer son pays d'origine, car il est pratiquement inconnu à l'état sauvage. Il est fort probable qu'il provient des provinces chinoises de Yunnan et de Tcho-kiang. On peut le rencontrer fréquemment à proximité des temples, des palais et des monastères, car en Chine et au Japon, on le considère comme un arbre sacré. Par ses feuilles, il ressemble aux feuillus, mais en réalité, il appartient aux gymnospermes. En 1730, il fut introduit en Europe, et aujourd'hui, il est courant dans les parcs d'Europe occidentale et centrale. Il peut atteindre un âge fort avancé. La taille des vieux spécimens peut dépasser 30 mètres et leur diamètre, 2 mètres.

Le Ginkgo pousse sur les sols riches et supporte le gel jusqu'à −30 °C. Il lui faut, cependant, un bon ensoleillement; c'est pourquoi on le plante séparé ou par petit groupe. Dans les rues et dans les espaces verts des villes, il est préférable de planter des arbres mâles qui ne donnent pas de fruits. En effet, les fruits charnus du Ginkgo tombent à leur maturité et dégagent une odeur fétide. C'est un arbre très décoratif grâce à ses feuilles insolites et à la forme de sa couronne. Il supporte bien l'atmosphère polluée des villes. En automne, avant qu'elles ne tombent, ses feuilles se teintent en jaune doré.

En Europe, la taille du Ginkgo varie entre 20 et 25 mètres. Sa couronne large et irrégulière ou, au contraire, étroitement conique, permet de déterminer s'il s'agit d'un arbre mâle ou femelle, car l'espèce est dioïque. L'écorce est gris noirâtre, fissurée. Les feuilles poussent en bouquets de trois ou cinq sur des rameaux raccourcis et tombent en automne. En forme d'éventail, avec des nervures rayonnantes (1), elles mesurent 4 à 9 cm de long et poussent sur un long pétiole. Parfois, un sinus découpe le limbe en deux lobes. Les fleurs (4) mâles, de 2 à 3 cm, forment des chatons, les fleurs femelles poussent isolées ou par deux sur un pédicelle. Le fruit charnu, jaune-vert, ressemble à une drupe de 18 à 25 mm de diamètre, et pend sur un pédicelle long de 5 cm (2). Il abrite un noyau blanchâtre de 15 mm (3), contenant une semence qu'on peut manger grillée.

1
4
2
3

Magnolia de Soulange — Magnoliacées
Magnolia × soulangiana SOUL.-BOD. — *Magnoliaceae*

Les Magnolias poussent à l'état sauvage en Amérique du Nord et en Asie orientale. La famille des Magnoliacées est la plus ancienne famille des feuillus. Son appellation scientifique provient du nom d'un professeur de médecine et botaniste français, Pierre Magnol, de Montpellier. Les Magnolias sont très appréciés comme arbres d'ornement, grâce à leurs fleurs magnifiques. L'espèce la plus répandue en Europe est le *Magnolia × soulangiana.* C'est un hybride du Yulan *(Magnolia denudata* Desrous*)* et du Magnolia à fleurs pourpres *(Magnolia liliiflora* Desrous*).* Le second terme de son appellation scientifique provient du nom d'un horticulteur français Soulange qui a réussi à le sélectionner en 1820. Le *Magnolia × soulangiana* est un arbrisseau fortement ramifié. Ses grandes fleurs isolées s'épanouissent en avril, avant l'apparition des feuilles. Parfois, les gels tardifs les brûlent et elles brunissent, puis se fanent. Toutefois, l'arbre peut supporter des chutes de température de courte durée, jusqu'à −25 °C. Il est aussi indifférent à la qualité du sol et de tous les Magnolias, c'est lui qui résiste le mieux à la sécheresse. Il a donné naissance à un grand nombre de cultivars qui se différencient par la teinte de leurs fleurs et par leur habitus: le 'Lenneana' a des fleurs rouge rosé, l' 'Alexandrina', rose pâle, l' 'Alba superba' et l' 'Amabilis', blanches, s'épanouissant très tôt au printemps, le 'Brozzonii', enfin, se caractérise par sa croissance rapide et par sa floraison particulièrement abondante.

Le *Magnolia × soulangiana* est un arbrisseau caduc dont la taille moyenne varie entre 4 et 8 mètres. Les bourgeons et les pointes des rameaux adventifs sont tomenteux, gris-vert. Les bourgeons floraux sont nettement plus grands que les bourgeons des feuilles: ils mesurent 3 à 4 cm. Les feuilles alternes, longues de 8 à 15 cm, ont un aspect qui rappelle le cuir (1). Elles sont elliptiques, au bord entier, à la base du limbe cunéiforme. Leur face inférieure est recouverte d'une pubescence. Les fleurs en forme de coupe (2) sont tournées vers le haut, et mesurent environ 10 cm de diamètre. Les pétales, dont la face externe est rosâtre, sont deux fois plus longs que les sépales. Le fruit charnu, déhiscent, de forme irrégulière (3), composé de plusieurs carpelles, mûrit en automne. Mûr, il laisse échapper des graines rouge vif.

1
2
3

Tulipier de Virginie Magnoliacées
Liriodendron tulipifera L. *Magnoliaceae*

L'aire d'extension du Tulipier de Virginie est très vaste. Elle se situe dans l'est du continent nord-américain, depuis l'Arkansas et l'Alabama, jusqu'au Michigan, New York et le sud du Canada. Il pousse sur les sols bien drainés des bassins de rivières et évite les sols riches en calcaire. Dans les forêts mixtes, il est associé aux Caryas, aux Noyers noirs *(Juglans nigra),* aux Chênes blancs *(Quercus alba),* et à d'autres feuillus. Dans son habitat d'origine, il peut atteindre la taille de 50 mètres et un diamètre de 2 mètres. Sa longévité varie entre trois cents et quatre cents ans. Il fut introduit en Europe dès 1663 et, actuellement, il est devenu courant dans les parcs d'Europe occidentale, centrale et orientale, en Ukraine et même jusque dans le Caucase. Le Tulipier de Virginie peut supporter un gel de −30 °C, à condition qu'il soit de courte durée. Sa croissance s'accélère à partir de sa huitième année. Pendant toute sa vie, il a besoin d'une exposition au soleil. A vingt ans, il commence à fleurir et à donner des fruits. La floraison a lieu vers la fin du mois de juin, la semence mûrit en octobre, mais sa capacité de germination est alors faible (environ 10%). Avant la défoliation, les feuilles jaunissent. Le bois du Tulipier est de très bonne qualité; son bois de cœur brun est utilisé pour la fabrication du mobilier. Pour cette raison, on commence à le cultiver en Europe, à titre expérimental. Le Tulipier est un très bel arbre, apprécié pour la forme de ses fleurs et de ses feuilles, mais aussi pour son puissant tronc droit et son houppier haut placé.

Le Tulipier de Virginie est un arbre robuste. En Europe, il peut dépasser 40 mètres. Son appareil radical est large et profond. L'écorce est noire, fissurée dans le sens de la longueur. Les bourgeons (5) teintés de bleu ont la forme élargie d'un bec de canard. Les feuilles alternes, longues de 10 à 16 cm, en forme de lyre, ont quatre lobes et un pétiole de 10 cm (1). Les fleurs ressemblent aux tulipes. Le périanthe se compose de trois segments pétaloïdes externes de teinte verdâtre, retournés, et six segments centraux jaune verdâtre, portant une bande orangée (2). Le fruit est composé de nombreux carpelles. Il mesure 5 à 8 cm et pousse à la verticale (3). C'est un akène long de 3 à 5 cm (4) dont la base abrite une ou deux graines.

1
2
3
4
5

Sorbier des oiseleurs — Rosacées
Sorbus aucuparia L. — *Rosaceae*

Cormier ou **Alisier domestique**
Sorbus domestica L.

Le Sorbier des oiseleurs pousse à l'état sauvage dans presque toute l'Europe. Au nord, on peut même le rencontrer au-delà du cercle polaire, dans le sud-est, on le trouve en Asie Mineure et en Sibérie, en passant par l'Oural. Il apparaît à tous les étages altitudinaux, depuis la plaine, jusqu'à la limite de la forêt, à une altitude de 1600 mètres. Il supporte parfaitement le gel et se contente de n'importe quel type de sol. Les jeunes arbres peuvent pousser à l'ombre, mais les vieux individus ont besoin d'un bon ensoleillement. Arbre «pionnier», il s'implante dans les endroits que la forêt a désertés en lui permettant ainsi de regagner ses anciennes positions. Les oiseaux répandent les graines du Sorbier dans les clairières et sur les terres défrichées, et reboisent ainsi ces endroits déserts. Sachant les oiseaux friands de ces fruits, les oiseleurs dissimulaient des filets et des tenates dans les couronnes des Sorbiers, pour les capturer. Il existe des cultivars tels que le 'Dulcis' ou le 'Moravica' dont les fruits sont particulièrement sucrés. On en fait des conserves de fruits au sirop ou des confitures. Ces cultivars se reproduisent par greffage, car les fruits perdent leur saveur sucrée quand les arbres se propagent végétativement par graines. On plante aussi le Sorbier des oiseleurs dans les allées, dans les rues et dans les parcs comme arbre d'ornement.

Le Cormier *(S. domestica)* pousse en basse montagne, depuis l'Espagne jusqu'à l'Asie Mineure. Pour sa croissance, il lui faut un écosystème moyennement ensoleillé, abrité et assez chaud, de préférence sur les pentes au substrat calcaire. Il ne dépasse pas la taille de 20 mètres, mais développe un tronc robuste au cours de sa longue vie, qui peut atteindre jusqu'à quatre cents ans. Son bois est dur, au bois de cœur d'un brun rouge. Autrefois, on le cultivait pour ses fruits; aujourd'hui, c'est un arbre des allées et des parcs.

S. aucuparia

La taille du Sorbier des oiseleurs varie entre 12 et 20 mètres. Le tronc est recouvert d'une écorce lisse brun-gris. Les bourgeons sont allongés (4) et recouverts d'une couche tomenteuse gris-noir. Les feuilles alternes sont imparipennées, longues de 12 à 17 cm et composées de neuf à quinze folioles au bord denté (1). Les fleurettes blanches, rassemblées en bouquets (2), s'épanouissent vers la fin du mois de mai. Les fruits globuleux, rouge brique, de un centimètre de diamètre (3), contiennent deux à quatre graines en forme de gouttelette.

1

3

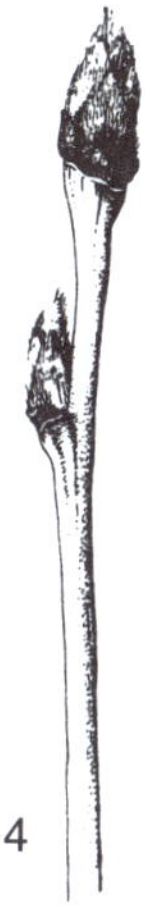

4

Le Cormier se différencie du Sorbier des oiseleurs par son écorce fissurée brun-noir, par ses bourgeons lisses et par ses feuilles dont l'envers gris est pubescent. Les fruits brun-vert, en forme de poire, sont longs de 2 cm (5).

2

5

Alisier torminal Rosacées
Sorbus torminalis (L.) CRANTZ *Rosaceae*

Originaire d'Europe, l'Alisier torminal pousse essentiellement en Europe méridionale et centrale. Au nord, la limite de son aire d'extension parcourt la Grande-Bretagne (à l'exception de l'Écosse et de l'Irlande où il a été implanté), l'Allemagne, la Pologne, jusqu'à l'Ukraine, le Caucase et l'Asie Mineure. Il pousse aussi à l'état sauvage dans le nord de l'Afrique. C'est une espèce qui recherche la lumière et les climats cléments. L'Alisier torminal croît individuellement sur la lisière des forêts, dans les chênaies claires et sur les pentes caillouteuses chauffées au soleil. Dans la partie nord de son aire naturelle, il recherche surtout les sols calcaires; ailleurs, il ne se montre pas exigeant quant à la qualité, la profondeur ou l'humidité du sol. Il se contente aussi d'un ensoleillement moyen. Sa taille moyenne est de 15 à 20 mètres, et dans les endroits secs, il peut développer des formes arbustives. L'Alisier torminal peut vivre jusqu'à trois cents ans. Les troncs des vieux spécimens peuvent alors atteindre un diamètre de 60 cm. En automne, ses feuilles se teintent de brun-rouge et sa couronne est souvent visitée par les oiseaux au moment de la maturation des fruits. Il a un puissant système racinaire en forme de cœur. Les racines latérales s'étalent longitudinalement et peuvent donner naissance à de nouveaux individus, à la manière des plantes aux racines traçantes. Son bois est dur et lourd. On l'utilise pour la fabrication des billots de boucher, des vis en bois et des instruments de mesure. Dans les régions chaudes, on le plante comme arbre d'allée ou d'ornement dans les parcs. Dans certains endroits d'Europe méridionale, il se croise avec l'Alisier blanc. L'hybride, l'Alisier de Fontainebleau *(Sorbus × latifolia* Pers.*)*, a des feuilles larges, arrondies, à lobes, dont l'envers est gris-vert duveteux.

L'Alisier torminal atteint, en moyenne, une taille de 10 à 15 mètres. Sa couronne large est elliptique. L'écorce brunâtre, fissurée tant dans le sens de la longueur que de la largeur, dessine, sur le tronc, un réseau quadrillé. Les bourgeons (4) sphériques et brillants, sont recouverts d'écailles vert jaunâtres, bordées de brun. Les feuilles alternes sont largement ovoïdes, longues de 8 à 12 cm. Elles se divisent en 5 ou 7 lobes (1) dont la paire inférieure est la plus longue et pratiquement perpendiculaire à la nervure principale. Les bords sont dentés. Les inflorescences se composent de quelques fleurettes blanches (2), la floraison a lieu au début du mois de juin. Le fruit est une baie ovoïde, brune striée de blanc, longue de 10 à 15 mm (3). Elle contient deux ou quatre semences brunes, longues de 6 mm.

1
2
3
4
4

Alisier blanc ou **Allouchier**
Sorbus aria (L.) CRANTZ

Rosacées
Rosaceae

Alisier du Nord
Sorbus intermedia (EHRH.) PERS.

Indigène en Europe occidentale, centrale et méridionale, l'Alisier blanc pénètre jusqu'au nord de l'Afrique et en Asie Mineure. Son aire d'extension s'estompe, au nord, en Grande-Bretagne, dans le sud de la Suède, en Allemagne et en Pologne. A l'est, elle suit la courbe des Carpates jusqu'aux Balkans. Sa distribution sur cette vaste superficie est irrégulière et sporadique. Comme il a besoin de beaucoup de lumière, il pousse dans les endroits où les autres arbres ne peuvent pas le concurrencer, c'est-à-dire sur les pentes rocheuses ou caillouteuses. Sur les versants calcaires, il peut monter jusqu'à une altitude de 1400 mètres. En Europe, il est tributaire des endroits chauds, abrités, surtout des chênaies claires. Comme il supporte parfaitement la sécheresse, on l'utilise pour reboiser les régions karstiques. Sur les sols particulièrement secs et pauvres, il apparaît sous la forme d'un arbrisseau ou d'un arbuste. Sur les sols fertiles ou dans les parcs, il atteint une taille de 10 mètres.

Les Sorbiers se croisent très facilement entre eux. On considère que l'Alisier du Nord *(Sorbus intermedia)* était, à l'origine, l'hybride naturel de l'Alisier blanc *(S. aria)* et du Sorbier des oiseleurs *(S. aucuparia)*. Il pousse à l'état sauvage en Suède, en Norvège et sur la côte de la mer Baltique, en Pologne. Il supporte parfaitement les basses températures et se contente d'un taux d'humidité et d'un ensoleillement moyens. Une espèce analogue, le Sorbier de Mougeot *(S. mougeotti)*, pousse dans les Alpes.

Arbre moyen ou arbuste caduc, l'Alisier blanc est recouvert d'une fine écorce grise. Les bourgeons sont protégés par des écailles vert-brun, légèrement tomenteuses (4). Les feuilles alternes sont largement elliptiques, longues de 6 à 12 cm, larges de 6 à 8 cm. Leur face supérieure est vert brillant, leur envers est gris-blanc tomenteux (1). Les bords sont doublement dentés. Les fleurs blanches (2) s'ouvrent dans la seconde moitié du mois de mai. Le fruit est sphérique, rouge sombre (3), de 15 mm de diamètre, avec de petits poils blancs à l'emplacement de l'ancien calice. A l'intérieur se trouvent deux ou quatre semences en forme de goutte.

L'Alisier du Nord mesure environ 15 mètres. La couronne est largement ovoïde. Les feuilles sont elliptiques, longues de 8 à 10 cm et larges de 7 à 9 cm, avec des lobes peu profonds et dentés de chaque côté. L'envers des feuilles est gris-vert et tomenteux (5). Les fruits ovoïdes rouge orangé mesurent 12 mm de long. Les deux espèces sont plantées comme arbres d'ornement dans les parcs.

S. aria

2
5
4
1
3

Aubépine

Crataegus laevigata DC., syn. *C. oxyacantha* L.

Rosacées
Rosaceae

Épine blanche

Crataegus monogyna JACQ.

L'Aubépine est répandue dans toute l'Europe, son aire d'extension pénétrant jusqu'au nord de l'Afrique et en Asie Mineure. Au nord, elle s'arrête à 60° de latitude Nord, en Suède et en Norvège. La frontière orientale de sa zone d'extension naturelle descend depuis la région du golfe de Finlande, jusqu' à la mer Caspienne. Quant à sa répartition altitudinale, elle comprend tous les étages depuis les forêts des plaines jusqu' à une altitude de 1500 mètres. En forêt, l'Aubépine apparaît individuellement dans la strate arbustive ou sur les lisières. Les Aubépines se regroupent également en buissons sur les pâturages abandonnés. Indifférente à la nature des sols, elle préfère toutefois les substrats argileux, plutôt lourds. En montagne, elle monte haut sur les versants calcaires. Elle apparaît sous forme d'arbustes ou d'arbrisseaux à la couronne dense qui peuvent vivre jusqu'à trois cents ans. Ses fleurs qui s'ouvrent en mai dégagent un parfum assez désagréable. Séchées, elles sont utilisées dans l'industrie pharmaceutique. On plante souvent ses cultivars 'Rubra plena' et 'Pauli', aux fleurs rouges et doubles, dans les parcs et dans les rues étroites où il n'y a pas assez de place pour les grands arbres.

L'Épine blanche *(C. monogyna)* est une espèce proche de l'Aubépine, commune en Europe, elle aussi. Son aire d'extension, cependant, pénètre à l'est jusqu'au Don, en Russie. L'Épine blanche affectionne les pentes sèches et bien ensoleillées. Les deux espèces sont couramment plantées dans les parcs, dans les rues et allées ou dans les haies épineuses.

C. laevigata

L'Aubépine est un arbuste ou un arbrisseau caduc dont la taille ne dépasse pas 7 mètres. Ses rameaux sont épineux, l'écorce légèrement fissurée. Les feuilles alternes, ovoïdes, longues de 2 à 5 cm, sont découpées en trois lobes peu prononcés aux bords dentés (1). A la base du pétiole poussent deux stipules caduques (2). Les fleurs blanches sont rassemblées dans les corymbes (3) qui fleurissent en mai. Les fruits, longs de 8 à 10 mm, rouge sombre (4), en forme de tonnelets, portent à la base des traces de calice. Ils contiennent deux ou trois graines de section triangulaire.

3

1

L’Épine blanche peut atteindre la taille de 10 mètres. Ses feuilles à cinq lobes (5) sont découpées plus profondément que celles de l’espèce précédente. Le fruit est pratiquement le même, mais il n’abrite qu’une seule graine.

4

2

5

Poirier commun

Rosacées

Pyrus communis L., syn. *Pyrus piraster* L.

Rosaceae

Le Poirier commun pousse à l'état sauvage dans toute l'Europe occidentale, méridionale et centrale. A l'est, il pénètre en Asie centrale, en passant par l'Ukraine. Il n'est probablement pas indigène en Grande-Bretagne où il a dû être importé. La couronne des jeunes spécimens est pyramidale, mais s'étale en largeur au cours des années. Sa taille maximum est de 25 mètres, mais cependant, on peut rencontrer exceptionnellement des individus atteignant la taille de 30 mètres et un diamètre de 150 cm. Le Poirier commun peut vivre jusqu'à cinq cents ans. L'écorce des vieux arbres se fissure par plaquettes. Les racines sont très profondes. Le Poirier commun préfère les sols légers, riches en calcaire. Il a besoin de plus de chaleur que le Pommier sauvage (cf. p. 102) et pousse surtout sous les climats doux, jusqu'à une altitude de 700 mètres. Les lisières des forêts et les pentes tournées vers le soleil sont ses habitats de prédilection. Il recherche un ensoleillement moyen et il est plus sensible au gel que le Pommier sauvage. C'est un arbre très décoratif qui pare la nature de sa luxuriante floraison blanche au mois de mai, et de son feuillage rouge en automne. Les centaines de variétés cultivées aujourd'hui appartiennent à l'espèce *Pyrus communis*. Le bois du Poirier est rose et très homogène. Il est surtout utilisé pour la fabrication de meubles, de différents produits de menuiserie et d'objets sculptés. Il supporte bien qu'on le taille.

La taille du Poirier commun varie en moyenne entre 12 et 20 mètres. Sa couronne est ovale. Les branches des vieux spécimens ont des extrémités pendantes. Les jeunes branches sont brun brillant, les rameaux latéraux se terminent souvent par une pointe acérée (4). Les feuilles alternes presques rondes, longues de 2 à 5 cm, ont des bords finement denticulés (1). Le pétiole a la même longueur que le limbe foliaire. Les fleurs blanches (2) poussant sur de longs pédicelles ont 2 à 4 cm de diamètre. Elles se composent de cinq pétales, et les anthères de leurs étamines sont rouge vif. Le fruit globuleux ou allongé mesure 3 à 4 cm (3). Ses cinq loges carpellaires abritent cinq ou dix graines en forme de gouttelette.

4
2
3
1

Pommier sauvage d'Europe, Pommier paradis — Rosacées
Malus sylvestris MILL. — *Rosaceae*

Le Pommier sauvage est répandu dans toute l'Europe, poussant à l'état sauvage même en Grande-Bretagne. Au nord, la limite de son aire d'extension parcourt le centre de la Suède, de la Finlande, en pénétrant en Asie par la Russie. Le tronc du Pommier sauvage est tourmenté et sinueux, coiffé d'un large houppier. L'arbre atteint en général la taille de 10 à 15 mètres et l'âge de cent ans environ. Contrairement au Poirier, il supporte bien les sols lourds argileux à condition qu'ils soient humides. Il pousse aussi très bien sur les sols fertiles, riches en calcaire. Le Pommier sauvage recherche un ensoleillement moyen, c'est pour cela qu'on le rencontre souvent aux lisières des forêts caduques et dans les broussailles sur les pentes. Il est à l'origine d'un grand nombre de variétés cultivées pour leurs fruits. Les Pommiers sont, en effet, les arbres fruitiers les plus courants sous les climats tempérés de l'hémisphère boréal. Au moment de la floraison, le Pommier sauvage est un véritable joyau de la nature printanière. En automne, ses fruits servent de nourriture aux animaux. On le plante dans les parcs à gibier, dans les brise-vent et à la lisière des forêts. Dans les parcs, on préfère les espèces plus décoratives, aux feuilles insolites, aux fleurs et aux fruits colorés. Ce sont, par exemple, *Malus floribunda* SIEB. *et Malus purpurea* REHD. (4) à la floraison abondante, *Malus* × *atrosanguinea* SCHNEID., aux feuilles et aux fruits rouges, *Malus* × *arnoldiana* REHD., et bien d'autres encore.

Le Pommier sauvage d'Europe est un arbre dont la taille varie entre 5 et 15 mètres. L'écorce des vieux spécimens est brun-gris et forme de grosses écailles. Les feuilles alternes, longues de 3 à 5 cm, sont ovales, au bout acuminé, aux bords dentés (1). Le pétiole est long comme la moitié du limbe. Les bouquets de quelques fleurs rosâtres (2), de 3 à 5 cm de diamètre, comptant cinq pétales, s'épanouissent aux extrémités des rameaux. La floraison a lieu au début du mois de mai. Les petites pommes jaunes (3), de 4 à 5 cm de diamètre, mûrissent en septembre et en octobre. Leurs cinq loges carpellaires contiennent cinq ou dix pépins bruns.

2
1
3
4

Cerisier des oiseaux
Prunus avium L.

Rosacées
Rosaceae

Prunier cultivé
Prunus domestica L.

Le Cerisier des oiseaux pousse à l'état sauvage dans presque toute l'Europe. Sa zone d'extension s'arrête, au nord, en Grande-Bretagne, au Danemark et en Pologne, à l'est, dans le Caucase. Le Cerisier des oiseaux apparaît aussi sporadiquement en Asie Mineure. Il pousse individuellement dans les forêts caduques, en plaine ou en basse montagne. Par les vallées des torrents, il arrive à monter jusqu'à une altitude de 800 mètres. Son bon développement nécessite, outre un sol suffisamment humide, une faible exposition au soleil dans sa jeunesse, et un ensoleillement à l'âge adulte. Son âge ne dépasse pas cent ans. Il atteint en moyenne la taille de 25 mètres. Son tronc droit, bien développé, porte des branches fortes et peu nombreuses. L'écorce lisse, brun-rouge sur les jeunes arbres, devient brun grisâtre et pèle par plaques fines avec l'âge. Le Cerisier des oiseaux se couvre de fleurs blanches, d'avril à mai. Les fruits mûrissent en juin. Les oiseaux s'en régalent, puis répandent les noyaux dans la nature. Le bois est léger, brun-rouge; on l'utilise pour la fabrication des meubles. Dans la Rome antique, on le cultivait déjà pour ses fruits. C'est une espèce qui a donné naissance à toute une série de variétés d'arbres fruitiers.

Le Prunier cultivé *(Prunus domestica)* est une espèce proche de la précédente. On ignore ses origines exactes. Il s'agit fort probablement d'un hybride obtenu, il y a des milliers d'années, par le croisement naturel du Prunier myrobolan *(P. cerasifera)* et du Prunellier *(P. spinosa).* Aujourd'hui, on le cultive dans les vergers pour ses fruits, et le long des routes.

P. avium

P. domestica

La taille du Cerisier des oiseaux varie entre 10 et 20 mètres. Sa couronne est ample, aux rameaux brunâtres. Les bourgeons floraux sont ovoïdes, agglutinés sur les brachyblastes (4). Les feuilles alternes, longues de 7 à 14 cm, sont ovales, aux bords fortement dentés (1), avec une ou deux glandes à la base du pétiole. Les fleurs blanches (2) ont 2,5 à 3 cm de diamètre et s'épanouissent en bouquets, aux extrémités des rameaux. Les fruits sont des drupes rouges (3) de un cm de diamètre. Ils pendent sur de longs pédicelles et contiennent un noyau lisse.

Le Prunier cultivé est un arbre de 6 à 10 mètres environ. Ses feuilles, longues de 5 à 8 cm, sont ovales, aux bords dentés. Leur face inférieure est pubescente. Les fleurs blanchâtres ont 1,5 cm de diamètre. Les fruits bleu-noir, pruineux, sont des drupes longues de 2 à 4 cm (5) qui abritent un noyau plat sillonné.

Merisier à grappes Rosacées
Prunus padus L., *Rosaceae*

Cerisier noir ou **tardif**
Prunus serotina EHRH.

L'aire d'extension du Merisier à grappes occupe presque toute l'Europe, pénétrant jusqu'au Kamtchatka par la Sibérie. Au nord, elle déborde au-delà du cercle polaire. Dans les régions méridionales cependant, le Merisier à grappes n'apparaît que sporadiquement. Il recherche surtout les terrains détrempés et monte, le long des torrents, jusqu'à une altitude de 1000 mètres. En montagne, on rencontre surtout sa variéte arbustive *petraea.* Elle accompagne souvent les formations de Saules et d'Aulnes, constituant leur strate arbustive. Le Merisier à grappes a besoin d'un ensoleillement moyen et évite les sols calcaires. Les fleurs s'épanouissent au début du mois de mai en dégageant un parfum agréable. En automne, les oiseaux se régalent de ses fruits, et répandent les noyaux dans la nature.

Le Cerisier noir *(P. serotina)* est proche de l'espèce précédente. C'est un arbre atteignant 20—25 mètres, au tronc droit, dont l'écorce se fissure en formant de petits carrés. Il est originaire de la partie orientale de l'Amérique du Nord où il pousse depuis le Texas, dans le sud, jusqu'à la région des Grands Lacs, au Canada. Il recherche les sols humides à proximité des lacs et des cours d'eau, mais peut supporter aussi les terrains sablonneux, plus secs. C'est pour cette raison qu'on le mélange, en Europe, aux Pins, dans les endroits secs. Le Cerisier noir supporte bien les grands froids et une médiocre exposition au soleil. Il fleurit et donne des fruits plus tard que le Merisier à grappes. Les deux espèces sont cultivées dans les parcs, comme arbres d'ornement; on plante aussi le Cerisier noir comme arbre d'alignement. Son bois est de très bonne qualité.

P. padus

Le Merisier à grappes est un arbuste ou un arbre qui atteint la taille de 10 mètres. Son écorce est noire, parsemée de petites lenticelles permettant les échanges gazeux. Les bourgeons sont pointus (4). Les feuilles alternes, ovales, mesurent 6 — 12 cm de long. Les bords du limbe sont denticulés (1). Les fleurs blanches, de 10 à 15 mm de diamètre, sont rassemblées dans les grappes pendantes, longues de 10 cm environ (2). Les fruits sont des drupes globuleuses noires (3) de 8 mm de diamètre, au noyau irrégulièrement sillonné.

Le Cerisier noir est un arbre robuste, au tronc droit. Les feuilles sont coriaces, longues de 6 à 12 cm, vert brillant sur la

face supérieure. Sur l'envers des feuilles poussent des poils roux, tout le long de la nervure principale (5). L'arbre fleurit un mois plus tard que le Merisier à grappes. Les drupes sont menues, couleur lie-de-vin.

Bois de Sainte-Lucie Rosacées

Prunus mahaleb L. *Rosaceae*

Le Bois de Sainte-Lucie ne dépasse pas 14 mètres de haut. Il se distingue par un fût court et une large couronne aux rameaux tombants aux extrémités. Arbre des climats doux, il pousse dans toute la région méditerranéenne, depuis l'Espagne, jusqu'au Caucase. Au nord, il pénètre dans le bassin du haut Danube et sur les versants méridionaux des Carpates. C'est l'un des arbres composant les forêts qui recouvrent les pentes bien exposées au soleil, au substrat calcaire de préférence. Le Bois de Sainte-Lucie résiste parfaitement à la sécheresse et arrive même à pousser dans les endroits rocheux, sur une fine couche de sol. Il monte jusqu'à une altitude de 800 mètres sur les versants calcaires des Alpes du Sud. Il préfère une bonne exposition au soleil, mais il peut supporter d'avoir un côté à l'ombre. Une fois coupé, il rejette de souche et donne ainsi naissance à un nouvel individu. Il peut vivre jusqu'à cent à cent vingt ans. L'odeur de son bois rapelle le parfum de la coumarine. On utilise son bois de cœur brun pour la fabrication de pipes, de fume-cigarette et d'autres menus objets. On le cultive pour cela dans certains endroits. Sur ces plantations, on peut même récolter ses branches, âgées de trois à cinq ans. Espèce résistante à la sécheresse, on l'utilise également pour reboiser les régions karstiques ou les terrains secs, peu fertiles. On plante le Bois de Sainte-Lucie également dans les parcs, soit isolé, soit en haies car on peut le tailler. En arboriculture, il trouve son utilisation comme porte-greffes des variétés de Cerisiers et de Griottiers.

Le Bois de Sainte-Lucie est un arbre caduc dont la taille varie entre 5 et 12 mètres. Sa couronne est sphérique et dense, son écorce brun-noir. Les rameaux portent de menus bourgeons brun clair (4). Les feuilles alternes (1) sont largement ovales, longues de 4 à 5 cm. Sa face supérieure est vert brillant, l'envers est plus clair. Les bords sont denticulés et, à la jointure du pétiole et du limbe, on peut distinguer deux petites glandes. Les fleurs blanches (2) ont 1 — 1,5 cm de diamètre, et sont disposées en racèmes poussant à la verticale. Le nombre des fleurs dans l'inflorescence varie entre cinq et dix. La floraison a lieu en mai. De petits groupes de deux à cinq fruits mûrissent en août et en septembre. Ce sont des drupes de forme ovoïde (3), longues de 7 mm environ.

Rouges au début, elles deviennent noires au fur et à mesure. A l'intérieur se trouve un noyau jaune aplati.

Liquidambar Hamamelidacées
Liquidambar styraciflua L. *Hamamelidaceae*

Le Liquidambar pousse à l'état sauvage dans la partie orientale de l'Amérique du Nord, plus particulièrement sur les bords du Mississippi et de l'Ohio, et depuis la Floride jusqu'à New York. Arbre prédominant dans les forêts caduques, il pousse surtout sur les terrains alluviaux riches, associé aux Peupliers et aux Chênes. Il n'apprécie pas les sols marécageux aux eaux stagnantes ni les substrats calcaires secs. Le Liquidambar peut atteindre la taille de 35 mètres, un diamètre de un mètre et l'âge de deux cents à trois cents ans. Dès sa jeunesse, on peut observer les bourrelets de liège sur ses branches. Sa croissance nécessitant beaucoup de lumière, le Liquidambar pousse souvent dans les champs laissés à l'abandon ou dans d'autres terrains vagues. Les jeunes arbres ont une croissance vigoureuse et commencent à donner des fruits à vingt-cinq ou trente ans. Le Liquidambar a été introduit en Europe dès 1681 et, aujourd'hui, on le cultive comme arbre d'ornement dans les parcs d'Europe occidentale, centrale et orientale, jusqu'à la région de Kiev. Pendant les hivers rudes, le gel peut l'endommager légèrement. C'est un arbre d'ornement très apprécié pour la couleur pourpre de son feuillage automnal et pour les excroissances insolites de liège sur ses rameaux. Son bois brun-rouge est précieux et ressemble à celui du Noyer. On l'utilise en ébénisterie, pour la fabrication du mobilier. On extrait de son bois et de ses fruits le baume de Liquidambar, sorte d'ambre liquide, utilisée en médecine et comme substance entrant dans la fabrication du chewing-gum.

En Europe, la taille moyenne du Liquidambar varie entre 25 et 30 mètres. Son système racinaire s'étale en largeur et sa couronne est ovale. Le fût élancé est recouvert d'une écorce noirâtre craquelée dans le sens de la longueur. Les bourgeons (4) sont alternes, ovoïdes, longs de 6 à 7 mm et embaument lorsqu'on les froisse. Les feuilles lobées en forme d'étoile (1) mesurent 10—18 cm et comptent cinq ou sept lobes profondément découpés. Les lobes sont pointus, le bord du limbe est denticulé. Le pétiole mesure 8 à 14 cm. Les fleurs mâles sont réunies en panicules qui poussent à la verticale, les fleurs femelles, de 12 mm de diamètre environ (2), forment des chatons pendants. Ces fleurs unisexuées n'ont qu'un calice,

1

4

♂

2 ♀

3

étant dépourvues de pétales. Les fruits, des capsules déhiscentes qui s'ouvrent en automne, sont réunis en une sorte de cône globuleux (3) de 2,5 à 3 cm de diamètre. Chaque capsule contient deux semences aux courtes ailes.

Platane à feuilles d'érable
Platanus × *hispanica* MUENCHH.

Platanacées
Platanaceae

Platane d'Orient
Platanus orientalis L.

Le nom scientifique du Platane vient du grec *platos* qui signifie large. On suppose que le Platane à feuilles d'érable est un hybride du Platane d'Orient *(Platanus orientalis)*, introduit en Grande-Bretagne en 1561, et du Platane occidental *(P. occidentalis)*, originaire d'Amérique du Nord, cultivé en Europe depuis 1640. Cet hybride s'adapte plus facilement à de nouvelles conditions de vie et résiste mieux au gel que ses parents. C'est pour cette raison qu'il s'est rapidement répandu en Europe centrale et orientale, jusqu'à la mer Baltique. Le Platane est un arbre robuste, imposant par l'amplitude de sa couronne et la largeur de son tronc, surtout lorsqu'il pousse isolé. Il recherche les sols profonds et humides, mais peut supporter les sols légers, à condition de ne pas manquer d'eau. Il a besoin d'un assez bon ensoleillement et peut subsister dans un milieu ambiant sec ou pollué. C'est un arbre idéal pour les artères des villes; on le plante également dans les allées ou, en solitaire, dans les parcs.

Le Platane d'Orient *(P. orientalis)* pousse naturellement en Iran, en Asie Mineure et dans les Balkans. Il peut atteindre la taille de 40 mètres, et son tronc un diamètre de 3 mètres. Il vit près de deux mille ans. En Europe centrale, il est endommagé par le gel. Le Platane occidental qui est l'autre parent du Platane à feuilles d'érable, ne résiste pas bien, lui non plus, aux basses températures. Son aire d'extension se situe, en Amérique du Nord, dans les bassins des fleuves, du Texas jusqu'à la région de Grands Lacs au Canada.

P. × *hispanica*

Le Platane à feuilles d'érable est un arbre caduc qui mesure en moyenne 30 mètres de haut. Il se caractérise par la largeur de son tronc et de sa couronne. L'écorce s'écaille par plaques ce qui donne un aspect tacheté brun-jaune à son tronc et à ses branches. Les bourgeons coniques (4) sont protégés par une écaille et s'abritent dans la base élargie du pétiole jusqu'à la défoliation (5). Les feuilles (1) qui mesurent 20 cm environ, ont cinq lobes. Les fleurs, sans périanthe, sont regroupées en chatons globuleux unisexués (2). Les fruits sont formés d'akènes, rassemblés en capitules sphériques (3), de 3 cm de diamètre environ qui poussent isolés ou par deux sur de longs pédicelles. Au mois de novembre, ils se séparent en akènes munis d'aigrettes pour s'envoler.

Le Platane d'Orient a des feuilles profondément lobées (6), et jusqu'à six chatons qui poussent ensemble. Les feuilles du Platane occidental ont trois à cinq lobes peu échancrés (7) et des chatons isolés.

Févier d'Amérique Césalpiniacées
Gleditsia triacanthos L. *Caesalpiniaceae*

L'appellation scientifique désignant le genre du Févier provient du nom du botaniste allemand J. G. Gleditsch, le nom désignant l'espèce vient des épines ramifiées *(acanthos)* qui recouvrent son tronc et ses branches. Le Févier d'Amérique pousse à l'état sauvage dans la partie orientale de l'Amérique du Nord, depuis le bassin du Mississippi, au Texas, et jusqu'au Michigan, dans le nord. A l'ouest, son aire d'extension s'arrête au Kansas et au Nebraska. Il recherche surtout les sols riches et humides des terrains alluviaux, mais se contente aussi des sols calcaires plus secs. Dans les steppes, on le plante souvent comme brise-vent. Son appareil radiculaire profond s'étale en largeur. Les Féviers vivent jusqu'à cent vingt et même cent cinquante ans. C'est un arbre des climats doux qui recherche un bon ensoleillement. En Europe centrale, il souffre du gel. On l'a introduit en Europe en 1700 et, de nos jours, il est courant dans les régions occidentale, centrale et méridionale de ce continent. Dans le sud de l'Europe, on forme avec lui des haies pratiquement impénétrables à cause de ses longues épines. Ses fruits, longues gousses vertes non encore parvenues à maturité, servent de nourriture au bétail. On le cultive, parfois, pour les besoins de l'apiculture et comme arbre d'alignement et d'ornement, dans les régions chaudes. C'est un arbre insolite et décoratif, aux longues épines brillantes et aux longues gousses qu'il garde pendant tout l'hiver. Malheureusement, le débourrement des bourgeons est tardif, alors que la défoliation a lieu très tôt, en automne. Sa variété *inermis* sans épines est également très répandue.

Le Févier d'Amérique est un bel arbre de 25 mètres, au tronc droit et élancé, à la couronne ovale allongée. L'écorce noirâtre pèle par plaques. Les épines tripartites, marron brillant, poussent sur les branches et, parfois même, sur le tronc. Elles sont longues de 6 à 9 cm. Les bourgeons ne sont pas apparents. Les feuilles composées (1) sont alternes, paripennées ou doublement paripennées, longues de 14 à 25 cm. Elles se composent de seize à trente folioles aux bords denticulés. Ses fleurettes verdâtres sont discrètes (2), disposées en grappes pendantes de 4 à 5 cm. La floraison a lieu en juin. La gousse plate, longue de 20 cm et large de 3 cm, devient brun violacé à sa maturité (3). Les fruits mûrissent en octobre. Chaque gousse abrite plusieurs graines ovales brun clair, longues de 7 à 10 mm (4).

1
4
3
2

Sophora du Japon
Sophora japonica L.

Papilionacées
Viciaceae

Le Sophora du Japon est originaire de Chine, où il pousse à l'état sauvage au sud de Pékin, ainsi que de la presqu'île de Corée. On le nomme *japonica* parce qu'il a été introduit en Europe, en provenance du Japon, bien qu'il n'y pousse pas à l'état sauvage. Indifférent à l'humidité et à la qualité du sol, le Sophora se contente aussi d'un ensoleillement moyen. Il a été introduit en Europe en 1747 et, depuis, on le cultive couramment en Europe occidentale, centrale et méridionale. Il supporte parfaitement l'atmosphère polluée et sèche des villes, ce qui en fait un arbre d'alignement excellent, mais aussi un arbre de rue et d'ornement dans les parcs. Lorsqu'il croît solitaire, son tronc est tourmenté, mais quand il est associé aux autres arbres, le Sophora développe un tronc droit avec un houppier placé haut. Il bourgeonne tardivement au printemps et ne fleurit qu'au mois d'août. Ses fleurs sont très appréciées par les apiculteurs, car elles s'épanouissent au moment où la floraison des autres plantes s'achève, et sont alors très recherchées par les abeilles. Les fruits persistent longtemps sur l'arbre et, même en plein hiver, donnent un aspect verdoyant à la couronne. Le Sophora commence à fleurir et à donner des fruits tôt, vers sa dixième année. En Europe centrale, le gel peut l'endommager au cours des hivers rudes et ses fruits ne parviennent pas à maturité si l'été n'est pas assez chaud. Dans les parcs, on plante souvent son cultivar 'Pendula', aux rameaux tombants et à la couronne compacte. Son bois de cœur, lourd et brun foncé, sert à la fabrication de divers outils et ustensiles.

Le Sophora du Japon atteint 20 à 25 mètres. L'écorce des vieux arbres est gris foncé, fendillée dans le sens de la longueur. Les rameaux sont vert foncé, les bourgeons invisibles. Les feuilles alternes (1), de 12 à 25 cm, sont imparipennées, composées de onze à dix-sept folioles aux bords entiers, longues de 2 à 5 cm. Contrairement au Robinier (voir description suivante), les folioles ont les bouts acuminés. Les fleurs bissexuées, d'un blanc verdâtre (2), forment de larges panicules. La floraison a lieu en août. Le fruit est une gousse verte, longue de 3 à 7 cm, serrée entre les graines (3). Elle contient trois à six graines noirâtres réniformes.

1
2
3

Robinier ou **Faux Acacia** — Papilionacées
Robinia pseudoacacia L. — *Viciaceae*

Originaire de l'est du continent nord-américain, le Robinier est très répandu surtout en Pennsylvanie, en Georgie, dans l'Illinois et dans l'Arkansas. Il préfère les sols humides, riches en calcaire, mais peut s'accommoder des sols secs et pauvres. Sur ces terrains secs, il développe un système radiculaire qui s'étale en largeur près de la surface du sol, sur un rayon de 15 mètres à partir du tronc, et qui pénètre jusqu'à 4 mètres de profondeur. On l'utilise pour la fixation des terrains en forte pente qu'il retient de ses racines fortement ramifiées, empêchant ainsi l'érosion du sol. Il enrichit, en même temps, le sol en azote, car il forme des bulbilles racinaires qui contiennent des bactéries fixatrices d'azote atmosphérique. Les drageons de racines poussent à différentes distances du tronc formant ainsi des fourrés de jeunes individus dont il est difficile de débarrasser le terrain quand ils s'y sont multipliés. A croissance vigoureuse dans les premières années, le Robinier est un arbre qui a besoin de lumière. Il a été introduit en Europe en 1601. Formant des forêts entières dans le sud de l'Europe, il est aussi courant en Europe occidentale et centrale. Ses fleurs dégagent un parfum agréable qui attire les abeilles. Le bois du Robinier est très durable et possède d'excellentes propriétés industrielles. On l'utilise, par exemple, pour la fabrication des traverses de voies ferrées, ou celle de piquets de clôtures. Son cultivar de forme globuleuse, 'Umbraculifera', est souvent planté comme arbre d'alignement. Sa variété arbustive *R. hispida* se distingue par ses fleurs rose vif (5) qui en font une plante d'ornement très recherchée.

La taille du Robinier varie entre 20 et 30 mètres. Son tronc sinueux est recouvert d'une écorce profondément fendillée. Il développe une large couronne en dôme. Les rameaux sont brun sombre, les bourgeons se cachent entre deux stipules en forme d'épine (4). Les feuilles (1), longues de 10 à 25 cm, sont imparipennées, composées de neuf à dix-neuf folioles elliptiques mesurant 2 à 4 cm, aux bouts arrondis. Les fleurs blanches se regroupent en racèmes pendants, longs de 10 à 25 cm (2). La floraison a lieu en juin. Le fruit est une gousse plate brun clair (3) qui mesure 12 cm de long sur 1 cm de large. Elle contient plusieurs graines brun-noir réniformes.

1
2
3
4
5

Cytise Aubour Papilionacées

Laburnum anagyroides MED. *Viciaceae*

L'appellation scientifique du Cytise Aubour provient de ses racèmes abondants, jaune doré, qui recouvrent tout l'arbrisseau au moment de la floraison. Le Cytise Aubour pousse à l'état sauvage dans le sud de la France, en Italie et dans les Balkans. Il est cultivé en Europe centrale et, plus au nord, jusqu'au sud de la Suède et de la Norvège. Il a souvent un tronc multiple, recouvert d'une écorce lisse, gris-vert. L'envers des jeunes feuilles est tomenteux argenté. La floraison a lieu en mai. Le Cytise pousse naturellement dans les forêts des régions chaudes, associé aux Ostryas *(Ostrya)* et aux Frênes à fleurs *(Fraxinus ornus).* Il supporte des sols de toute nature, se contentant des terrains pauvres et secs, bien qu'il préfère des substrats calcaires. Le Cytise des Alpes *(Laburnum alpinum),* une espèce voisine, monte jusqu'à une altitude de 1500 mètres. Il se reconnaît à sa taille plus petite, ses feuilles glabres et ses racèmes plus courts. Les feuilles, l'écorce, les fruits ainsi que le bois des deux Cytises contiennent un alcaloïde extrêmement dangereux pour l'homme, la cytisine. Les petits animaux, cependant, rongent les jeunes pousses et l'écorce sans conséquences fâcheuses. Le Cytise d'Adam *(Laburnocytisus adami* C. K. Schneider*)* est un clone intéressant: il a été obtenu par greffage de l'espèce *Cytisus purpureus* sur le Cytise Aubour. Il se caractérise par les fleurs jaunes et rouges de ses parents ainsi que par sa floraison intermédiaire d'un rouge sale. On plante les Cytises dans les parcs et jardins d'agrément à titre ornemental.

Le Cytise Aubour est un arbrisseau ou un arbuste aux rameaux ascendants qui atteint la taille de 8 mètres. Les rameaux adventifs vert grisâtre, couverts de poils argentés, portent des bourgeons alternes (4). Les feuilles (1) se composent de trois folioles elliptiques entières, de 3 à 8 cm de long et de 2 cm de large. Les bouts des feuilles sont émoussés, leur envers est couvert de poils argentés. Les fleurs jaune d'or en forme de papillon ont 2 cm de large environ. Le racème pendant (2), long de 12 à 20 cm, compte dix à trente fleurs. La base du plus grand pétale (appelé étendard chez les Papilionacées) est strié de rouge et de brun. Les fruits sont des gousses rassemblées en une grappe lâche (3). La gousse, légèrement falciforme, mesure 5 à 7 cm de long et 0,5 cm de large. Elle contient deux à six graines brun-noir réniformes.

1
2
3
4

Sumac de Virginie ou **Amarante**
Rhus typhina L.,

Anacardiacées
ou Térébinthacées
Anacardiaceae

Vernis du Japon ou **Arbre à laque**
Toxicodendron verniciflua BARKLEY

Le Sumac de Virginie est un arbrisseau ou arbuste à large couronne en parasol. Il est indigène en Amérique du Nord, depuis la Georgie et l'Indiana jusqu'au Canada. Il pousse surtout sur les pentes sèches rocailleuses, à la lisière des forêts et sur les terrains calcaires. Il a besoin de beaucoup de lumière mais est indifférent à la qualité et à l'humidité du sol. Le Sumac de Virginie a été introduit en Europe en 1624. C'est un arbre d'ornement apprécié pour la teinte écarlate de son feuillage automnal et pour la forme insolite de ses fruits. Dans certaines régions, on le cultive pour ses feuilles qui contiennent 13 à 25% de tanin, utilisé dans l'industrie du cuir et des pigments, dans la fabrication des parfums, etc. Souvent drageonnant, il sert à fixer des pentes sèches et rocailleuses, et à empêcher l'érosion du sol.

Le Vernis du Japon *(Toxicodendron verniciflua)* est, en fait, originaire du sud de la Chine. Arbre à croissance vigoureuse, aux rameaux forts et glabres, il a besoin d'un bon ensoleillement et d'un sol humide et fertile. Cultivé depuis longtemps au Japon, le Vernis du Japon n'a été introduit en Europe qu'en 1874. Il est sensible au gel et ne supporte pas les températures qui descendent en dessous de −20°C. La substance qui sourd de l'écorce incisée et des branches cassées, sert à la fabrication d'une excellente laque qui résiste même à l'eau. On le plante rarement dans les parcs car tout l'arbre, y compris les feuilles et les fruits, est toxique, même par simple contact.

R. typhina

La taille moyenne du Sumac de Virginie varie entre 4 et 8 mètres. Les rameaux (4) brun-rouge sont fortement tomenteux. Les feuilles (1) imparipennées sont longues de 20 à 40 cm. Elles se composent de onze à trente et une folioles grossièrement dentées, longues de 6 à 12 cm (3). Les fleurs mâles et femelles, groupées en panicules denses dressées, fleurissent en mai. Les fruits, couverts de poils cramoisis, formant des capitules fructifères (2), persistent dans l'arbre jusqu'à l'hiver.

Le Vernis du Japon est un arbre dont la taille varie entre 10 et 15 mètres. Les feuilles imparipennées, longues de 25 à 60 cm, se composent de sept à quinze folioles entières (5). Les fleurs mâles et

femelles s'épanouissent en panicules pendantes. Les fruits, petites drupes de 8 mm de diamètre d'un jaune cireux, sont rassemblés en capitules fructifères.

Houx commun Aquifoliacées

Ilex aquifolium L. *Aquifoliaceae*

Le Houx commun est indigène en Europe occidentale et méridionale. Au nord, son aire d'extension pénètre en Norvège, jusqu'à la latitude de 63° Nord, à l'est, elle dépasse le Caucase et s'arrête en Iran. Arbrisseau semper virens, il atteint tout au plus la taille de 20 mètres et forme la strate arbustive dans les hêtraies et dans les forêts mixtes. Dans la région des Alpes, il monte jusqu'à une altitude de 1200 mètres. A croissance lente, il peut vivre jusqu'à deux cents — deux cent cinquante ans. Comme il pousse très bien à l'abri du soleil, on le plante dans les endroits ombragés des parcs et des jardins. Il a besoin d'un sol frais riche en calcaire. Arbre dioïque, il ne donne des fruits que lorsque les pieds mâles poussent à proximité des pieds femelles. Les rameaux aux fruits rouges sont, en Grande-Bretagne, le symbole de la Noël. On introduit aussi le Houx dans les parcs d'Europe centrale où, malheureusement, il n'arrive pas à supporter les chutes de températures qui descendent en-dessous de —20°C. Il arrive cependant à résister car ses bourgeons dormants donnent naissance à de nouveaux rameaux. On peut le couper et tailler si bien qu'on le plante souvent en haies. Les graines germent l'année suivante. Le Houx développe un grand nombre de variétés et de cultivars décoratifs aux feuilles entières ou épineuses, blanches ou tachées de jaune, à la couronne colonnaire ou bien aux rameaux pendants.

En Europe centrale, le Houx atteint 5 à 8 mètres de haut. Sa couronne conique est dense. Le tronc est recouvert d'une écorce brunâtre cannelée. Les feuilles alternes, ovoïdes, longues de 3 à 8 cm, sont coriaces, aux bords épineux (1). Leur face supérieure est d'un vert sombre brillant, leur envers est vert pâle. Les fleurs, mâles ou bissexuées, poussent en petits bouquets dans les aisselles des feuilles. Blanches et odorantes, les fleurs sont divisées en quatre parties (2). La floraison a lieu de mai à juin. Les fruits drupacés sont rouges, globuleux, de 8 mm de diamètre environ. Ils poussent sur de courts pédicelles (3). Chaque fruit contient deux ou quatre noyaux allongés, brun clair. Ils mûrissent en octobre, et il faut les stratifier pour conserver leur faculté de germination.

1
3
2

Olivier de Bohême, *Elaeagnus angustifolia* L.

Eléagnacées
Elaeagnaceae

Argousier ou **Saule épineux** *Hippophaë rhamnoides* L.

L'Olivier de Bohême est un arbrisseau caduc, haut de 5 à 10 mètres. Indigène dans les Balkans et dans la partie européenne de la Russie, il pénètre en Sibérie, en Iran et en Asie Mineure. Il atteint sa plus belle taille sur les sols légers des bassins de rivières. Il pousse également sur les pentes sèches où il se plaît moins. Son système racinaire est profond, renforcé par les racines adventives qui apparaissent à la base du tronc. L'Olivier de Bohême a besoin de beaucoup de lumière. On peut le tailler aisément de sorte qu'on l'utilise pour les haies épineuses. Ses fleurs au parfum délicat attirent les abeilles. On le cultive à titre ornemental dans les régions industrielles car il supporte la pollution atmosphérique ainsi que les basses températures jusqu'à −25°C. Comme il a des racines fortement ramifiées, on le plante pour consolider les sols sablonneux. Il ne vit pas plus de soixante à quatre-vingts ans.

L'Argousier *(Hippophaë rhamnoides)* est un arbrisseau de 7 à 8 mètres de haut, aux rameaux épineux. Il est naturalisé en Europe méridionale et occidentale et au nord, jusqu'à la mer Baltique d'où il pénètre dans la partie européenne de la Russie et en Sibérie. Indifférent à la fertilité et à l'humidité du sol, il recherche les terrains légers et sablonneux ou le gravier des berges des ruisseaux ainsi qu'une bonne exposition au soleil. A cause de ses racines fortement ramifiées, on le plante pour fixer les pentes et les dunes. Les fruits orange, très décoratifs, persistent dans l'arbre jusqu'au printemps. Ils sont riches en vitamine C, et on en fait des boissons rafraîchissantes.

L'Olivier de Bohême est un petit arbre aux rameaux épineux (4). Son tronc tourmenté est recouvert d'une écorce brune qui pèle par lamelles. Les feuilles alternes lancéolées, aux bords entiers, mesurent 4—8 cm de long. Leur face supérieure est vert-gris, leur envers tomenteux argenté (1). Les fleurs jaunes, en forme de tube, ont 1 cm de diamètre. Elles apparaissent de mai à juin, dans les aisselles des feuilles (2). Le fruit ovale (3) est succulent, long de 15 mm, à l'épicarpe argenté. Il contient un noyau fusiforme.

Elaeagnus angustifolia

L'Argousier (5) est un arbrisseau épineux, à la couronne arrondie. Ses feuilles linéaires-lancéolées, à la face interne tomenteuse argentée, mesurent 4 à 7 cm de long. Les fleurs discrètes s'ouvrent en avril. Le fruit succulent est orange, ovale, long de 8 mm. Il abrite un noyau brun foncé.

4
1
2
3
5

Tamaris d'Angleterre — Tamaricacées

Tamarix gallica L. — *Tamaricaceae*

Le Tamaris d'Angleterre est un arbuste ou un arbrisseau caduc, au tronc tourmenté et aux branches arquées. C'est une espèce commune dans le sud de la France et sur les pourtours de la Méditerranée jusqu'à l'Asie Mineure. Il a été naturalisé en Grande-Bretagne, il y a trois cents ans environ, et actuellement, il apparaît sur le littoral du sud-ouest de l'Angleterre. Il supporte parfaitement la sécheresse grâce à ses racines qui pénètrent jusqu'à 3–5 mètres de profondeur pour puiser l'eau des couches inférieures. Il n'exige pas un sol riche, s'accommodant très bien des sols sablonneux et salés. Comme il supporte également l'air marin chargé de sel, on le plante sur le littoral pour stabiliser les terrains sablonneux. Un bon ensoleillement lui est indispensable de sorte qu'on ne peut pas le planter à l'ombre de grands arbres. On le cultive souvent comme arbre d'ornement dans les parcs des régions industrielles car il est indifférent à la pollution atmosphérique. Il ne résiste pas très bien aux grands froids et il arrive qu'en Europe centrale ou en Ukraine, le gel l'endommage sensiblement. Sous les climats doux, on le plante en haies. Il se reproduit par graines ou, en hiver, par boutures.

Les espèces voisines, *Tamarix tetrandra* Pall., répandue, elle aussi, dans le sud de l'Europe et fleurissant en mai, et *Tamarix pentandra* Pall., originaire d'Asie et d'Europe méridionale, résistent un peu mieux au gel que le *Tamarix gallica.*

La taille du Tamaris d'Angleterre ne dépasse pas 7 mètres. Ses feuilles fortement réduites, n'ont que 2 mm de long et ressemblent à des aiguilles (1). Les racèmes denses, longs de 5 cm environ (2), se composent de petites fleurs rose pâle qui s'ouvrent fin juin et début juillet. De 2 mm de diamètre, elles se composent de cinq pétales et de cinq sépales, ces derniers tombant très rapidement. Les fruits, capsules allongées, sont rassemblés en grappes (3) et contiennent plusieurs petites graines, munies d'une touffe de poils.

2
3
1

Tilleul à petites feuilles
Tilia cordata MILL.

Tiliacées
Tiliaceae

Tilleul à grandes feuilles
Tilia platyphyllos SCOP.

En Europe, les Tilleuls à grandes feuilles et à petites feuilles poussent souvent l'un à côté de l'autre. Ce voisinage donne naissance à un hybride, le Tilleul commun *(T. europaea* L.*)*. Ce sont des arbres robustes, au tronc puissant et à la couronne ample et dense. Leur taille et leurs besoins écologiques sont pratiquement les mêmes. Le Tilleul à grandes feuilles peut vivre jusqu'à mille ans. Les vieux arbres ont alors des troncs de 3 mètres de diamètre. Il est commun en Europe méridionale et centrale; au nord, il apparaît jusqu'à la mer Baltique, à l'est, jusqu'au Don, en Ukraine, et jusqu'en Asie Mineure. L'aire d'extension du Tilleul à petites feuilles s'arrête au nord à 63° de latitude Nord, en Suède et en Finlande. En Russie, il pénètre jusqu'à l'Oural. En Europe, il pousse à de faibles altitudes dans les chênaies et dans les forêts claires des plaines, alors que le Tilleul à grandes feuilles recherche plutôt les endroits humides et plus froids. En général, ces deux Tilleuls ne montent pas au-delà d'une altitude de 800 mètres, mais dans les Alpes et dans les Balkans, ils apparaissent jusqu'à 1300 mètres. Ils sont surtout fréquents sur les pentes rocailleuses et sur les versants abrupts. Leurs feuilles mortes fertilisent le sol, on cultive donc les Tilleuls sur des terrains pauvres pour les améliorer. On les plante en allées ou isolés pour profiter de leur ombre. Comme ils se laissent tailler facilement, on aligne les arbres l'un à côté de l'autre pour former un grand mur. Dans les régions industrielles, on les remplace par d'autres espèces de Tilleuls, car ils ne supportent pas la pollution atmosphérique.

La taille des Tilleuls dépasse 30 mètres. Les bourgeons des deux espèces sont apparemment protégés par deux écailles (6).

T. cordata

Le Tilleul à petites feuilles a des feuilles arrondies, en forme de cœur à la base. Elles mesurent 5 à 8 cm, leur bord est denté (1). Leur face inférieure est bleu-vert, avec de fins poils roux à la ramification des nervures. Comme son nom l'indique, le Tilleul à grandes feuilles a des feuilles plus grandes que l'espèce précédente. Longues de 6 à 10 cm, leur face inférieure est verte avec des veines bien nettes. Des poils blanchâtres poussent à leur ramification (2). Les fleurs du Tilleul sont regroupées en cymes munies d'une bractée. L'inflorescence du Tilleul à petites feuilles compte cinq à sept fleurs (3), celle du Tilleul à grandes feuilles en a deux ou cinq. Les fruits du Tilleul à petites feuilles sont globuleux, secs et ressemblent à des noisettes (4). Ils ont un diamètre de 4 à 6 mm et sont protégés par une écorce li-

gneuse. Les fruits du Tilleul à grandes feuilles sont plus allongés. Ils mesurent 8 mm environ, et sont parcourus de quelques arêtes dures (5). Les fruits des deux Tilleuls sont munis d'une bractée translucide qui leur permet de voler.

Tilleul argenté Tiliacées
Tilia tomentosa MOENCH *Tiliaceae*

L'aire d'extension du Tilleul argenté, espèce voisine des deux espèces précédentes, occupe le sud-est d'Europe. Son centre se situe dans les Balkans; au nord, elle s'arrête en Croatie, au lac Balaton (Hongrie) et à l'embouchure de Danube. Plus au sud, le Tilleul argenté est répandu par îlots en Grèce, en Bulgarie et en Asie Mineure. Certains botanistes considèrent les spécimens des régions méridionales comme une espèce indépendante, appelée Tilleul argenté pleureur *(Tilia petiolaris,* DC.*)* dont le pétiole est plus long et le fruit légèrement côtelé. Le Tilleul argenté est disséminé dans les charmaies et dans les châtaigneraies, de préférence sur les collines sèches. Dans les forêts des régions karstiques, il pousse associé au Frêne à fleurs *(Fraxinus ornus).* Dans la partie sud-ouest de son aire d'extension, il apparaît dans les hêtraies jusqu'à une altitude de 1200 mètres. Le Tilleul argenté a été introduit en 1767 dans les autres pays d'Europe et, aujourd'hui, il est devenu commun même dans le nord de l'Allemagne et en Grande-Bretagne. C'est un arbre robuste, à la couronne ovale qui se déploie en dôme chez les vieux spécimens. Dans son milieu d'origine, il supporte un ensoleillement moyen, mais dans les régions septentrionales, il lui faut plus de lumière qu'aux Tilleuls à petites et à grandes feuilles. L'envers de ses feuilles est argenté, ses fleurs dégagent un parfum délicieux. Il est apprécié comme arbre d'ornement à cause de la forme élégante de sa couronne. Comme il supporte bien la sécheresse et l'air pollué, on l'utilise comme arbre d'alignement et de rue dans les villes industrielles. Ses fleurs attirent les abeilles, mais il est déconseillé d'en faire des tisanes.

Le Tilleul argenté atteint la taille de 25 à 30 mètres. L'écorce gris sombre de son tronc reste lisse pendant de longues années. Les rameaux gris sont tomenteux. Les feuilles, longues de 6 à 11 cm, sont arrondies, souvent asymétriques, avec une base en forme de cœur. Le pétiole mesure 4 à 5 cm, celui du Tilleul argenté pleureur 10 cm. L'endroit des feuilles est vert sombre, leur envers tomenteux argenté, et le bord doublement denté (1). Les fleurs s'épanouissent vers la mi-juillet dans les cymes (2) qui en comptent six ou dix. Le fruit sec et globuleux (3) a 6 ou 8 mm de diamètre. Sa surface grisâtre est légèrement duveteuse, avec des arêtes à peine marquées.

3
1
2

Ailante Simarubacées

Ailanthus altissima (MILL.) SWINGLE *Simarubaceae*

L'Ailante est un arbre caduc, haut de 25 mètres, à houppier largement ovale, haut placé. Ses branches vigoureuses sont tordues, les cicatrices foliaires sur les rameaux sont très marquées (5). Son habitat d'origine se situe dans les provinces chinoises de Kan-sou, Se-tchouan, Chen-si, Ho-pe et Can-toung. Sa croissance est rapide: à cinq ans, il mesure 5 mètres. Il a besoin d'une excellente exposition au soleil. L'Ailante meurt relativement tôt, ne dépassant pas, en général, l'âge de quatre-vingts à cent ans. Il n'est pas exigeant quant à la qualité du sol. On le rencontre sur les terrains secs, rocailleux, sablonneux et même sur les sols salés. Ses racines sont assez superficielles, mais elles lui permettent de résister, même au vent fort. Elles drageonnent librement, ce qui est un phénomène gênant dans les parcs. L'Ailante s'est naturalisé en Europe en 1751. Il est devenu commun dans les villes d'Europe occidentale, centrale, en Grande-Bretagne et sur le continent américain. En Europe centrale, il ne pousse que dans les endroits abrités et chauds car il ne peut pas supporter le froid au-dessous de −22 °C. Les fumées et la pollution industrielles ne le gênent pas, de sorte qu'on peut le planter à titre ornemental dans les villes. Ses grandes feuilles et ses fruits rougeâtres qui mûrissent en automne sont très décoratifs. Les graines d'Ailante arrivent à germer sur les sols pauvres, dans les ruines, sur les décharges et les tas de pierre. En Chine, on élevait sur ses feuilles des vers à soie *(Philosamia cynthia).*

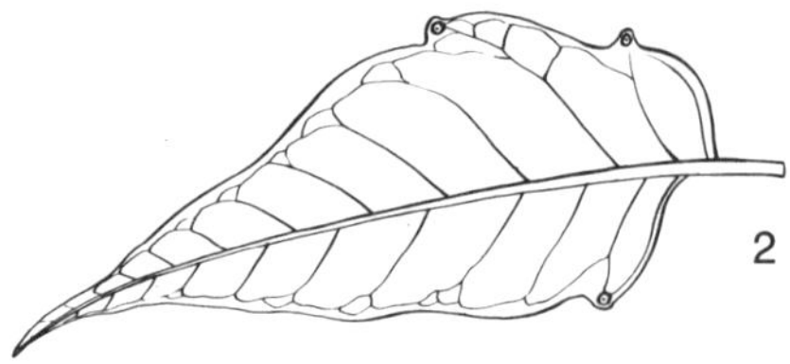

2

En Europe, l'Ailante atteint 20 à 25 mètres. Son écorce est lisse, gris foncé. Les feuilles imparipennées, longues de 40 à 60 cm, se composent de treize à vingt-cinq folioles de 6 à 12 cm (1). L'envers des folioles porte, sur les deux dents près de la base, des glandes arrondies (2). Des fleurettes discrètes, jaune verdâtre, se rassemblent dans les panicules denses (3). En principe, les fleurs mâles et femelles s'ouvrent sur les arbres séparés, en juin et en juillet. Les fruits, samares jaunes, munies d'une aile tordue (4), mesurent 5 à 6 cm. Elles portent, chacune, une graine au milieu et mûrissent en octobre.

4
1
5
3

Érable sycomore ou **Faux Platane** — Acéracées

Acer pseudoplatanus L. — *Aceraceae*

L'Érable sycomore, très décoratif, est l'arbre le plus robuste de toute la famille des Acéracées. Originaire d'Europe méridionale et centrale, les limites de son aire d'extension parcourent les Pyrénées, le Massif Central, le Harz, et l'Ukraine jusqu'au Bug. Au sud, on peut le rencontrer dans le sud de l'Italie, en Bulgarie et en Asie Mineure. Au XVe siècle, on l'introduisit en Grande-Bretagne où il s'est rapidement naturalisé. En montagne, il pousse surtout à l'étage des hêtraies et dans la partie inférieure de celui des Sapins. Dans les Alpes, il monte jusqu'à une altitude de 2000 mètres, dans les Carpates, jusqu'à 1500 mètres. Il pousse par bouquets dans les valées des ruisseaux, sur les versants rocheux. Il se mêle non seulement au Hêtre et à l'Épicéa, mais il est souvent associé aussi au Frêne, à l'Orme, au Tilleul et au Charme. C'est un arbre qui appartient au climat maritime, qui souffre du froid dans la partie septentrionale de son aire d'extension. Il recherche une bonne humidité atmosphérique, des terrains assez humides et un ensoleillement moyen. Il pousse mal dans les endroits secs. Sa longévité varie entre trois cents et quatre cents ans. L'Érable sycomore est un arbre de forêt très important. Son bois clair, dur, sans bois de cœur apparent, est de tous les Érables européens le plus précieux. Les plus recherchés sont les spécimens aux troncs bosselés dont le bois est utilisé en lutherie et pour la fabrication de divers objets décoratifs. Dans les parcs, on plante souvent à titre ornemental ses cultivars au feuillage coloré, tels que le 'Purpureum' dont la face inférieure des feuilles est pourpre violacé, le 'Leopoldii' au limbe foliaire entièrement strié de jaune ou le 'Worlei' au feuillage jaune d'or jusqu'au milieu de l'été.

L'Érable sycomore mesure 30—40 mètres de haut et 1 mètre de diamètre. Solitaire, il développe une large couronne en dôme. Pendant de longues années, son écorce grise reste lisse: elle ne s'écaille que sur les vieux arbres. Les bourgeons opposés (4) forment un angle aigu avec le rameau. Les feuilles longues de 10 à 18 cm sont à cinq lobes au bord grossièrement denté (1). Les fleurs verdâtres en grappes pendantes (2) fleurissent au début du mois de mai, une quinzaine de jours après l'Érable plane *(Acer platanoides)* (voir la description suivante). Les fruits sont des samares ailées qui poussent par paires, ouvertes à angle aigu (3).

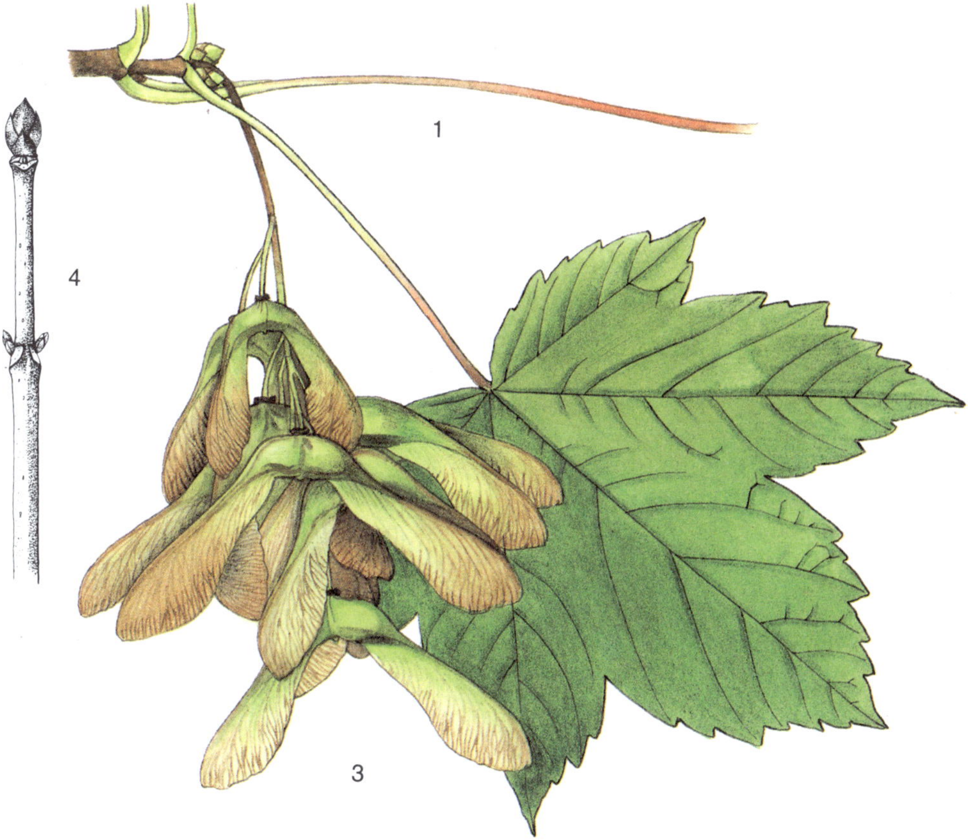
1
4
3

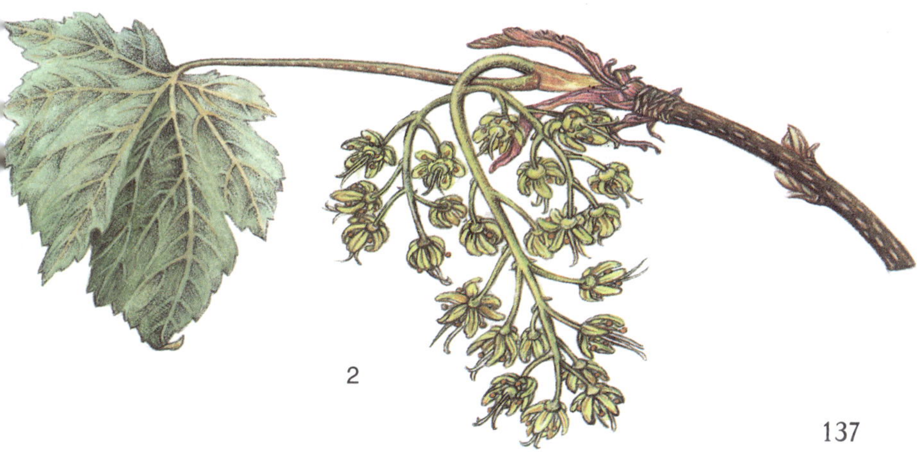
2

Érable plane Acéracées
Acer platanoides L. *Aceraceae*

La taille de l'Érable plane varie entre 25 et 30 mètres. Il pousse naturellement dans presque toute l'Europe. Au nord, il apparaît, en Suède et en Norvège, jusqu'à la latitude de 64° Nord et à l'est, jusqu'à l'Oural. Il a été introduit en Grande-Bretagne vers la fin du XVIIe siècle. Il pousse à de faibles altitudes et aux pieds des montagnes, dans les forêts de feuillus, associé aux Chênes et aux Hêtres dans les endroits humides. Il pousse jusqu'à une altitude de 500—700 mètres, et dans les Alpes, il monte jusqu'à 1000 mètres. L'Érable plane recherche les sols riches et humides, moyennement ensoleillés. Jeune, il pousse rapidement. Il vit jusqu'à deux cents ans, et atteint 1 mètre de diamètre. C'est un arbre qui supporte les basses températures et, en Europe, il résiste parfaitement au gel. Il s'adapte aux différents écosystèmes, mieux que l'Érable sycomore: c'est pour cela qu'on le plante comme arbre d'alignement le long des routes ou à titre ornemental dans les parcs. Il supporte assez bien la pollution atmosphérique et n'a presque pas d'ennemis naturels. Dans les parcs, on trouve également certains de ses cultivars au feuillage coloré: le 'Schwedleri' aux jeunes feuilles rouges, le 'Krimson King' au feuillage rouge sombre ou le 'Drummondii' aux feuilles bordées de jaune crémeux. Dans les rues, on plante fréquemment le cultivar 'Globosa' au houppier bas et globuleux. L'Érable plane est planté également pour son bois dont les fibres sont assez grossières et qui est de moins bonne qualité que celui de l'Érable sycomore.

L'Érable plane est un arbre robuste au tronc droit, recouvert d'une écorce noirâtre cannelée dans le sens de la longueur. Les bourgeons pourpres sont sessiles (4). Les feuilles, longues de 10 à 15 cm, sont à cinq ou à sept lobes dentés et pointus (1). Les deux faces du limbe ont la même teinte verte. Lorsqu'on casse le pétiole, un suc laiteux s'écoule de sa base. Les fleurs jaune verdâtre s'épanouissent en bouquets dressés (2), à la fin du mois d'avril, avant la feuillaison. En automne apparaissent des disamares plates qui s'ouvrent largement en formant un angle obtu (3).

4
2
1
3

Érable champêtre Acéracées
Acer campestre L. *Aceraceae*

L'Érable champêtre pousse dans toute l'Europe, à l'exception de la Scandinavie. Il pénètre jusqu'à la Volga et l'Oural. C'est un arbre des climats doux; en Europe centrale, on ne le rencontre que dans les endroits chauds, jusqu'à une altitude de 500 mètres. L'Érable champêtre recherche deux types d'habitat distincts, suivant l'humidité du sol: il pousse dans les forêts des plaines où il atteint la taille de 20 mètres, mais aussi sur les versants secs ensoleillés, sous forme d'arbrisseaux ou d'arbustes. Dans les écosystèmes secs, on peut observer des spécimens aux rameaux liégeux (var. *suberosa*). Dans les forêts des régions au climat doux il constitue la strate arbustive et supporte un ensoleillement moyen. Au cours des hivers rudes, le gel endommage les extrémités de ses rameaux. Il pousse lentement et atteint l'âge de cent cinquante ans. Son appareil racinaire s'étale en largeur. L'Érable champêtre rejette de souche, c'est pour cela qu'on le plante, dans les parcs, en haies, en abris ou pour former un étage intermédiaire de verdure dans une formation d'arbres. Son feuillage automnal doré est très décoratif. Le tronc restant menu, son bois n'est pas d'une grande utilité. On en fait de petits objets tournés. On plante également l'Érable champêtre dans les régions karstiques et sur les pentes sèches pour les reboiser.

La taille de l'Érable champêtre varie en moyenne entre 10 et 18 mètres. Son tronc, souvent tourmenté, coiffé d'un houppier dense et globuleux, est recouvert d'une écorce gris foncé craquelée. Les menus bourgeons sont opposés (4). Les feuilles, longues de 6 à 9 cm, ont cinq lobes aux bouts émoussés et même arrondis (1). Les fleurs jaune verdâtre, peu nombreuses, rassemblées en panicules (2), apparaissent au début du mois de mai, apprès le débourrement des bourgeons. Les fruits sont des disamares plates aux ailes jaunâtres horizontales qui ne s'effilent pas, contrairement à celles des autres Érables (3).

2
1
3

Érable argenté

Acéracées

Acer saccharinum L.

Aceraceae

L'Érable argenté est originaire de la partie orientale de l'Amérique du Nord, située au sud des Grands Lacs canadiens. Il s'étend depuis l'embouchure des rivières Saint-Laurent et Saint-John jusqu'aux provinces canadiennes du Nouveau-Brunswick et du Québec. L'Érable argenté pousse surtout sur l'humus léger et humide des bassins de rivières, associé aux autres Érables, aux Chênes et aux Frênes. C'est un arbre à croissance rapide, à l'appareil racinaire dense et vigoureux. Son tronc peut atteindre 1 mètre de diamètre, mais l'arbre dépérit à cent — cent cinquante ans. Il supporte un ensoleillement moyen. Ses branches sont cassantes et ne résistent pas au poids de la neige et aux rafales de vent. Ces blessures rendent l'arbre vulnérable aux maladies, provoquées par les bactéries, par les moisissures ou par les champignons. L'Érable argenté résiste par contre très bien au gel, jusqu'à −30 °C. On l'a introduit en Europe en 1725 et actuellement on le plante dans les parcs et dans les allées. Il se différencie des Érables européens par sa floraison précoce. Les fruits mûrs se répandent dès le mois de mai et de juin, et germent aussitôt. L'Érable argenté est très apprécié comme arbre d'ornement pour son écorce gris argenté, pour l'envers argenté de ses feuilles et leur coloration jaune en automne. A sa valeur ornementale s'ajoute le fait qu'il supporte la pollution atmosphérique des villes. Son bois tendre est peu apprécié.

La taille de l'Érable argenté est de 25—30 mètres. Son fût court est coiffé d'un houppier ample, en dôme. L'écorce pèle par lamelles. Les anneaux de croissance de son bois sont brun clair et brillants. Les feuilles à cinq lobes (1) profondément découpés et bordés de dents pointues, mesurent 7—10 cm (le cultivar 'Wieri' qu'on rencontre fréquemment dans les parcs européens, a des lobes encore plus marqués). La face supérieure des feuilles est verte, leur envers est gris argenté (2). Les fleurs jaune verdâtre, discrètes (3), s'ouvrent par petits bouquets dès le début du mois de mars. Les fruits sont des disamares ailées, longues de 4 à 7 cm, qui s'ouvrent en formant un angle obtu. L'une des samares est parfois atrophiée (4).

1
2
3
4

Érable negundo
Acer negundo L.

Acéracées
Aceraceae

L'Érable negundo n'a pas, comme les autres Érables, les feuilles digitées, mais imparipennées, semblables à celles du Frêne. Originaire, lui aussi, d'Amérique du Nord, il occupe sa partie orientale, depuis la Floride jusqu'au Canada. Les plus fortes concentrations d'Érable negundo se trouvent dans les bassins du Mississippi et de l'Ohio. Il préfère les sols profonds et humides des bassins fluviaux mais, tenace, il pénètre sur les versants secs en évitant toutefois les substrats calcaires. Malgré la croissance rapide des jeunes arbres, la taille finale de l'Érable negundo varie entre 10 et 15 mètres. Il ne dépasse pas, non plus, l'âge de quatre-vingts ans. Très résistant au froid, il supporte la température de −30 °C et se contente d'un ensoleillement moyen. Ses racines peu profondes ne lui permettent pas d'affronter le vent qui le déracine facilement. Il a été introduit en Europe dès 1688. Aujourd'hui, il est naturalisé et cultivé comme arbre d'ornement dans presque toute l'Europe. A cause de sa croissance rapide, on le plante comme intermédiaire verdoyant entre les arbres et les arbustes. Ses cultivars aux feuilles multicolores, tels que l' 'Odessanum' aux feuillage jaune d'or, le 'Variegatum' au limbe frangé de blanc et l' 'Aureovariegatum' aux feuilles bordées d'un liseré jaune, sont plantés isolément. L'Érable negundo supporte la pollution atmosphérique des villes. Son bois n'est pas de première qualité; on le plante cependant dans les forêts pour servir d'abri au gibier.

L'Érable negundo est un petit arbre au fût court et tourmenté et à la couronne étalée. Ses rameaux vert foncé, couverts de pruine bleutée, portent des bourgeons hémisphériques. Les feuilles imparipennées, longues de 13 à 25 cm, se composent de trois à cinq folioles, grossièrement et irrégulièrement dentées (1). La foliole terminale peut être trilobée. Les fleurs dioïques en corymbes pendants (2) apparaissent en avril, avant la feuillaison. Les fruits ou disamares, sont rassemblés en grappes lâches. Les ailes plus larges que les samares, divergent en angle aigu (3).

1
2 ♂
3

Marronnier commun ou **d'Inde**
Aesculus hippocastanum L.

Hippocastanacées
Hippocastanaceae

Marronnier à fleurs rouges
Aesculus × carnea HAYNE

Le Marronnier commun est un arbre robuste qui pousse à l'état sauvage dans les Balkans, en Grèce, en Albanie et en Bulgarie, dans les forêts mixtes, associé aux Sapins de Grèce *(Abies cephalonica)*, aux Hêtres et aux Chênes. Quant à l'étagement altitudinal, le Marronnier commun pousse à une altitude entre 500 et 1000 mètres. Au XVIe siècle, on a commencé à le cultiver en Europe centrale. Actuellement, il est fréquent même en Grande-Bretagne et en Europe orientale, jusqu'à la région de Gdansk et de Riga. Quand la température tombe à −25 °C, le gel l'endommage laissant des marques sur son tronc. Il bourgeonne tôt au printemps, au mois d'avril, et en mai, l'arbre disparaît sous la masse blanche d'inflorescences dressées. Jeune, il pousse rapidement. C'est un arbre d'alignement ou d'ornement parfait. Il est exigeant quant à la qualité du sol, mais se contente d'un ensoleillement moyen. Il atteint l'âge de deux cents ans. Ses fruits font la joie des enfants et servent de nourriture aux animaux. C'est pour cette raison qu'on plante les Marronniers dans les parcs à gibier, pour les cerfs et les sangliers. Le bois des Marronniers n'est pas de première qualité, mais c'est un bon combustible.

Le Marronnier à fleurs rouges *(A. × carnea)* est un hybride du Marronnier commun et du Marronnier rouge *(A. pavia)*. C'est un arbre très décoratif à la superbe floraison rouge.

A. hippocastanum

Le Marronnier commun est un grand arbre de 20—25 mètres au tronc puissant et à la couronne très développée. Son écorce gris-brun s'écaille par plaquettes. Les grands bourgeons opposés, brillants et visqueux, poussent au-dessus d'une grande cicatrice foliaire (6). Les feuilles palmées de 20 à 25 cm, se composent de sept ou de neuf folioles obovées, aux bords dentés (1). Les fleurs regroupées en panicules denses, longues de 20 cm environ (2), se divisent en cinq parties. Elles sont blanches, tachées de jaune et de rouge et s'ouvrent en mai. Le fruit est une capsule épineuse verte (3) qui libère, en automne, une ou trois graines brun-rouge (4), de 2 à 3 cm de diamètre.

2

1

4

3

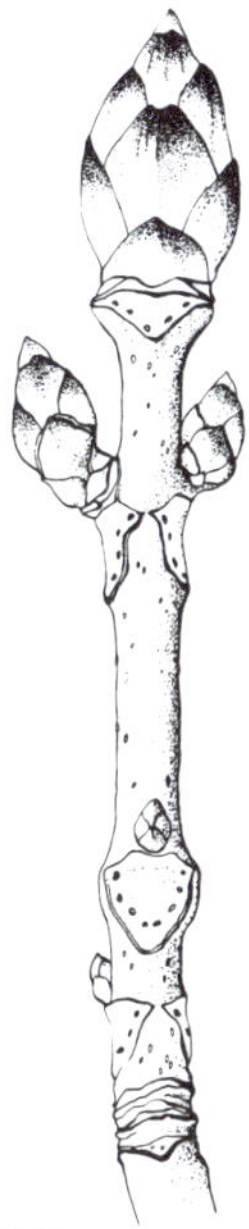

6

5

Son hybride, le Marronnier à fleurs rouges, a des feuilles composées de cinq folioles, des fleurs rouges (5) et des capsules vertes, aux épines éparses.

Nerprun cathartique Rhamnacées
Rhamnus catharticus L. *Rhamnaceae*

Bourdaine ou **Nerprun des teinturiers**
Frangula alnus L.

Arbrisseau ou arbuste, le Nerprun cathartique est commun dans toute l'Europe. Au nord, il pénètre en Scandinavie, jusqu'à la latitude de 61° Nord, en Russie jusqu'à 59° Nord. Au sud, on peut le rencontrer en Sicile et dans le centre de l'Espagne. C'est un arbre de faibles altitudes qui ne monte pas au-delà de 700 mètres. Il pousse surtout sur les versants rocailleux, de préférence sur les substrats calcaires. Il apparaît aussi sous forme d'arbre en plaine, sur des sols fertiles. Il ne rejette pas facilement de souche, mais peut se multiplier par ses racines superficielles drageonnantes. Le Nerprun recherche une bonne exposition au soleil. Il vit jusqu'à cent ans. S'il est vrai que son bois a une belle couleur, son tronc, par contre, est de trop faible épaisseur pour qu'on puisse l'exploiter. Les fruits et l'écorce sont utilisés dans l'industrie pharmaceutique. Sa forme arbustive forme des haies épineuses.

La Bourdaine *(Frangula alnus)* est une espèce voisine du Nerprun. Son aire d'extension recouvre, elle aussi, presque toute l'Europe. Au nord, elle pénètre jusqu'à 65° de latitude Nord, et à l'est, jusqu'à la Sibérie, par l'Oural. Sa limite méridionale parcourt la Turquie, l'Italie et l'Espagne. La Bourdaine recherche les sols humides et même détrempés. Elle constitue la strate inférieure à celle des Trembles et des grands arbres des forêts mixtes. Elle monte jusqu'à une altitude de 1000 mètres. A croissance rapide au cours des premières années, elle dépérit rapidement, à soixante ans. Elle peut pousser à l'ombre et supporte bien le gel. Elle aussi, trouve son utilisation dans l'industrie pharmaceutique. Autrefois, on l'utilisait pour la fabrication de poudre à canon.

Le Nerprun cathartique atteint la taille de 8 mètres. Son tronc est tourmenté, couvert d'une écorce noirâtre qui pèle en fines écailles. Les rameaux se terminent par une épine. Les bourgeons opposés forment un angle aigu avec le rameau. Les feuilles sont largement ovées, longues de 3 à 6 cm, aux veines latérales dirigées vers l'apex et au bord denté (1). Les fleurs unisexuées sont menues, verdâtres. Le fruit est une petite drupe noire (2) qui contient quatre noyaux.

La Bourdaine est un arbuste ou un arbrisseau de 6 mètres de haut. Les rameaux violacés aux lenticelles blanches, portent des bourgeons roux, couverts de poils denses. Les feuilles alternes, longues de 4 à 7 cm, sont largement ovées, aux bords entiers (3). Les fleurs verdâtres divisées en cinq parties s'ouvrent de mai à août. Le fruit globuleux drupacé rouge, de 6 mm de diamètre, noircit en mûrissant (4).

Rhamnus catharticus

1
2

3
4

Mûrier blanc — Moracées
Morus alba L. — *Moraceae*

Le Mûrier pousse à l'état sauvage dans les forêts des montagnes chinoises, japonaises et indiennes, mais il y est cultivé aussi depuis très longtemps, car son feuillage sert de nourriture aux vers à soie. Les graines du Mûrier blanc et des œufs du bombyx ont été introduits secrètement en Europe, dès le VIIe ou le VIIIe siècle. Il y a encore cent ans, on cultivait le Mûrier à une échelle beaucoup plus grande, non seulement pour l'élevage du ver à soie, mais aussi pour ses fruits sucrés. Aujourd'hui, ses fruits ne sont pas très prisés et, la plupart du temps, on fabrique la soie artificiellement.

Le Mûrier blanc est un arbre des climats doux. En Europe, il pousse très bien dans les régions viticoles. Le gel l'endommage mais il survit facilement. Il vit jusqu'à deux cents ans. Il se contente d'un ensoleillement moyen et résiste bien à la sécheresse. Rejetant bien de souche et de tronc, on le plante dans les haies, dans les abris ou solitaire dans les parcs, pour mettre en valeur sa belle couronne en dôme ou bien encore dans les rues où les fruits tombés à terre ne risquent pas de gêner la circulation. Très décoratif, son cultivar 'Pendula' est un arbrisseau à la couronne en parasol aux rameaux tombants.

Le Mûrier blanc est haut de 10 à 18 mètres. Sa couronne est large et arrondie, l'écorce grise fendillée dans le sens de la longueur. Les bourgeons minuscules poussent sur une cicatrice foliaire proéminente (4). Les feuilles alternes, largement ovoïdes sont longues de 6 à 16 cm. Certaines sont irrégulièrement découpées (1). L'endroit est vert brillant, le bord du limbe est grossièrement denté. Les fleurs mâles et femelles s'ouvrent, en épis courts (2) au début du mois de mai. La mûre, longue de 1,5 à 2 cm, se compose de plusieurs petits fruits drupacés blanchâtres (3). La fructification a lieu en juillet. L'espèce proche du Mûrier blanc, le Mûrier noir *(Morus nigra* L.*)*, est originaire d'Iran et d'Afghanistan. Il se reconnaît à ses fruits brun-rouge.

4
♀
2 ♂
3
1

Orme champêtre Ulmacées
Ulmus minor MILL. *Ulmaceae*

L'Orme champêtre (appellé autrefois *U. campestris* ou *U. carpinifolia*) est un Orme des régions au climat doux de l'Europe méridionale et centrale. Au nord, il pénètre jusqu'à la mer Baltique, à l'est, jusqu'à la Volga. Il se cantonne dans les vallées, à proximité des cours d'eau, sur les terrains alluviaux et dans les forêts des plaines. Le long des ruisseaux, il monte jusqu'à une altitude de 400 à 500 mètres où il se mêle à des peuplements d'arbres des terrains rocailleux. Dans les endroits secs, on rencontre des spécimens nains ainsi que sa variété *suberosa* aux bourrelets liégeux sur les rameaux (4). Les jeunes arbres supportent l'ombre, mais en grandissant, l'Orme champêtre exige un ensoleillement moyen et un sol fertile et humide. Il a des racines fasciculées qui servent à renforcer les berges des ruisseaux. Il rejette facilement de souche et de tronc et, à l'occasion, ses racines drageonnent. Son bois est dur, utilisé surtout pour la fabrication de meubles. Au cours des dernières décennies, les populations des Ormes ont subi une nette régression, due à la graphiose, maladie causée par le champignon *Ophiostoma ulmi.* L'arbre atteint se dessèche depuis le sommet, et au bout de quelques années, finit par dépérir. Certains cultivars à port colonnaire tels que 'Dampieri' ou 'Wredei' au feuillage jaune d'or résistent assez bien à la graphiose.

L'Orme champêtre atteint une taille de 20 à 30 mètres. Son tronc droit est recouvert d'une écorce noirâtre fissurée. Sur les rameaux, on distingue aisément les bourgeons foliaires pointus des bourgeons floraux arrondis (5). Les fleurs bissexuées (2) s'ouvrent vers la fin du mois de mars, avant la feuillaison. Les feuilles ovales, longues de 5 à 10 cm, sont inéquilatérales. Leur face supérieure est lisse et luisante, le bord doublement denté (1). Elles ont neuf à douze paires de nervures latérales et leur pétiole mesure 6 à 12 mm. Le fruit est une samare, placée vers le sommet d'une aile obovée translucide, longue de 1,5 cm (3). Les fruits mûrissent et se répandent dès la fin mai.

1
2
3
4
5

Orme de montagne — Ulmacées

Ulmus glabra HUDS. — *Ulmaceae*

L'aire d'extension de l'Orme de montagne est très vaste: elle occupe presque toute l'Europe, depuis l'Espagne et la Sicile, jusqu'à 65° de latitude Nord. A l'est, elle est limitée par l'Oural. En Grande-Bretagne, l'Orme de montagne est originaire d'Écosse. En ce qui concerne son étagement altitudinal, il apparaît dans les chênaies des plaines, à l'étage des hêtraies, et en montagne, jusqu'à une altitude de 1000 mètres. Il exige, cependant, un sol fertile et humide. On le rencontre sur les terrains alluviaux, aux eaux souterraines proches de la surface, sur les sols détrempés ou rocailleux, au pied des montagnes. C'est un arbre des forêts mixtes qui pousse également isolé ou en petits groupes, associé à l'Érable sycomore, au Tilleul ou au Frêne. Les jeunes Ormes de montagne, comme les Hêtres, supportent bien l'ombre. Les vieux arbres, par contre, ont besoin d'un ensoleillement moyen. Ses racines fortement ramifiées consolident les berges et les pentes rocailleuses. Il fleurit tôt au printemps, vers la fin du mois de mars. Les fruits tombent au moment de la feuillaison, fin mai, et germent aussitôt. On le plante pour son bois au cœur jaune qui est très apprécié. On l'utilise pour les constructions navales et en menuiserie, surtout pour la fabrication de meubles. Comme l'Orme champêtre, il souffre de la graphiose, en plaine et à de faibles altitudes, jusqu'à 600 mètres. Bien que l'Orme de montagne soit un arbre décoratif qui rehausse la beauté du paysage, ce sont surtout ses cultivars 'Pendula' et 'Camperdownii' à la couronne en forme de parasol aux rameaux pendants ou 'Lutescens' au feuillage jaune qu'on plante à titre ornemental.

L'Orme de montagne est un arbre robuste dont la taille varie entre 25 et 30 mètres. Une écorce faiblement cannelée recouvre son tronc. Les rameaux portent les bourgeons floraux arrondis et les bourgeons foliaires pointus. Les feuilles obovées, inéquilatérales, longues de 8 à 15 cm, se terminent par une triple pointe (1). La face supérieure de la feuille est rêche. Le pétiole est court : il ne mesure que 3 à 5 mm. Les fleurs rougeâtres (2) sont très discrètes. La samare est placée au centre d'une aile membraneuse, large de 2 cm environ (3).

1

2

3

Orme diffus, lisse ou **pédonculé** — Ulmacées

Ulmus laevis PALL. — *Ulmaceae*

L'Orme diffus est indigène dans le centre et dans le sud-est européen. Il est répandu au nord, jusqu'à la mer Baltique, à l'ouest, jusqu'à la France, à l'est, en Ukraine, jusqu'à Saratov. Arbre de basses altitudes, on le rencontre essentiellement dans les forêts claires de feuillus, associé au Chêne et au Frêne. Parfois, il pénètre dans les endroits secs. En Hongrie, en Russie et en Ukraine, c'est le seul arbre qui s'aventure dans la steppe. Il rejette abondamment de souche et de tronc, et résiste aux inondations, même de longue durée. Jeune, il supporte l'ombre, vieux, il fait partie de la seconde strate dans les forêts. Il fleurit quinze jours après l'Orme champêtre et donne des fruits vers sa quinzième année. Il dépérit jeune, surtout dans les habitats secs. Son bois est moins apprécié que celui des autres Ormes. Son appareil racinaire est fortement développé. Chez les vieux arbres, la naissance des racines, forte et aplatie, apparaît à la base du tronc, au-dessus du sol. C'est le seul Orme à être épargné par la graphiose.

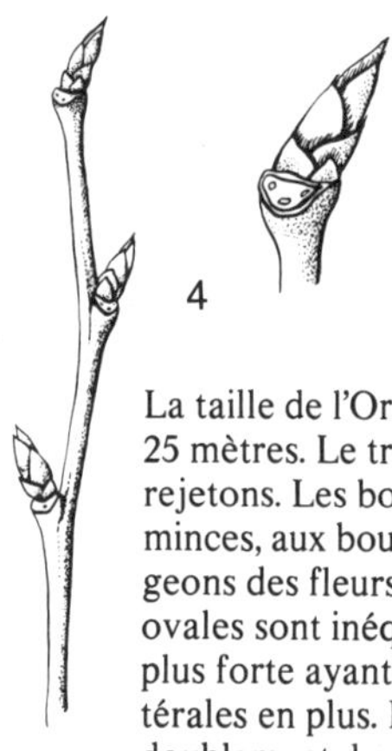

4

La taille de l'Orme diffus varie entre 20 et 25 mètres. Le tronc porte de nombreux rejetons. Les bourgeons foliaires sont minces, aux bouts acérés (4), les bourgeons des fleurs sont ovés. Les feuilles ovales sont inéquilatérales, la moitié la plus forte ayant deux ou trois nervures latérales en plus. Le bord du limbe est doublement denté (1). L'endroit vert sombre est lisse, l'envers est duveteux. Les feuilles ont douze à vingt paires de veines latérales. En mars apparaissent des fleurettes discrètes sur de longs pédicelles flexibles (2). Les fruits pendent, eux aussi, sur des pédicelles longs de 2 à 3 cm. Ce sont de petites samares obovées, placées au centre d'une aile étroite, bordée de poils bruns denses (3).

1
2
3

Micocoulier Ulmacées
Celtis occidentalis L. *Ulmaceae*

Le Micocoulier est un arbre de taille moyenne, poussant à l'état sauvage en Amérique du Nord, depuis l'Alabama et le Texas jusqu'à New York et la province de Québec. Dans la partie sud de son aire d'extension, apparaît sa variété *crassifolia,* plus robuste (elle atteint la taille de 30 mètres), aux feuilles plus rêches et aux pédicelles des fruits plus longs. Comme l'Érable champêtre, le Micocoulier aussi pousse dans deux écosystèmes bien distincts: on peut le rencontrer à l'état disséminé dans les forêts caduques des terrains alluviaux fertiles, le long des cours d'eau où il atteint sa plus belle taille. Mais il pousse également sur les pentes rocheuses où il développe une couronne ample arrondie, tout en étant de petite taille. Sur les terrains secs, il lui faut un bon ensoleillement, sur les sols plus riches, il se contente d'un ensoleillement moyen. Il a été introduit en Europe en 1636. On le plante pour son ombre dans les parcs et comme arbre d'alignement, en Grande-Bretagne et en Europe occidentale et centrale. En Europe centrale, il arrive cependant qu'il souffre du froid au cours des hivers rudes. Ses fruits attirent les oiseaux, et son feuillage automnal a une belle teinte jaune pâle. Dans les régions au climat plus doux d'Europe occidentale et centrale, on cultive parfois le Micocoulier d'Europe *(Celtis australis* L.*)* dont l'envers des feuilles est recouvert de poils denses. Il pousse à l'état sauvage dans le sud de l'Europe et en Asie Mineure.

En Europe, le Micocoulier atteint une taille de 10 à 15 mètres. Sa couronne est ample et globuleuse, le tronc recouvert d'une écorce gris foncé qui s'écaille. Les feuilles alternes, ovales, longues de 5 à 10 cm, sont longuement acuminées. Leur base est légèrement asymétrique; les trois veines principales partent du même point de la base (1). Les fleurs bissexuées, divisées en cinq parties, s'ouvrent sur de courts pédicelles, dans les aisselles des feuilles. La floraison a lieu au début du mois de mai, en même temps que le débourrement des bourgeons. Les fruits brun-rouge sont des drupes globuleuses, au bout légèrement pointu, de 7 à 10 mm de diamètre, qui pendent sur de courts pédicelles (2). Ils contiennent un noyau jaunâtre de 5 mm de diamètre.

1
2

Saule blanc
Salix alba L.

Salicacées
Salicaceae

Le Saule blanc est l'arbre caractéristique des larges bassins fluviaux. Il est commun dans toute l'Europe: au nord, il pénètre au centre de la Scandinavie, à l'est, en Sibérie jusqu'au fleuve Iénisséi. Il forme des peuplements continus dans la partie basse des cours d'eau. Le Saule blanc supporte très bien les inondations, même de longue durée, au cours desquelles le niveau de l'eau monte de 2 mètres. Il supporte également un ensablement naissant, en développant des racines adventives. Il pousse essentiellement en plaine, le long des cours d'eau, ne montant guère au-delà d'une altitude de 500 mètres. Il s'accommode très bien aussi des sols légers ou lourds ou légèrement acides, mais il lui faut, par contre, beaucoup de lumière. Il rejette facilement de souche et se reproduit par semences et par boutures. Sur les terrains inondés, ses peuplements se reproduisent facilement par marcottage: lorsque les rameaux touchent le sol, ils prennent racine. Avec les Peupliers, le Saule blanc appartient à la catégorie des arbres au bois tendre. Comme il pousse rapidement, on l'utilise pour créer les espaces verts, par exemple, à proximité des complexes industriels. Le Saule blanc vit plus de cent ans.

Dans les parcs on rencontre fréquemment le 'Tristis', son cultivar très décoratif aux fins rameaux pendants qui touchent presque le sol. En Europe, cette variété remplace le Saule pleureur chinois *(S. babylonica)* habitué au climat chaud du Sud-Ouest asiatique où il est indigène. On plante aussi le cultivar 'Tristis' au bord des étangs et sur les berges des rivières.

Le Saule blanc atteint la taille de 25 à 30 mètres et un diamètre de un mètre. Les craquelures de son écorce dessinent une résille sur le tronc. Ses rameaux adventifs brun-jaune sont longs et flexibles. Les feuilles alternes au bord denticulé sont étroitement lancéolées et mesurent 6 à 10 cm de long sur 1 à 2 cm de large. Leur face inférieure est couverte de poils argentés soyeux (1). Elles ont le bout longuement acuminé. Les fleurs unisexuées, groupées en chatons, s'ouvrent sur des arbres séparés (2). La floraison a lieu en avril et, vers la fin du mois de mai, mûrissent des fruits groupés en une sorte d'épi, long de 9 cm. Le fruit du Saule est déhiscent. C'est une capsule (3) qui libère des semences menues portant de nombreux poils soyeux.

1
3
2 ♂
2 ♀

Saule fragile
Salix fragilis L.

Salicacées
Salicaceae

Saule rouge
Salix × rubens SCHRANK.

Le Saule fragile pousse dans presque toute l'Europe. Au nord, il s'étend jusqu'au centre de la Suède et de la Norvège, à l'est, il pénètre par la Sibérie jusqu'en Extrême-Orient. Comme le Saule blanc, il borde les cours d'eau dans les vallées en montant, le long des ruisseaux, jusqu'à une altitude de 700 mètres. Il développe un tronc tourmenté, coiffé d'une couronne composée de fins rameaux. Les rameaux d'un an se cassent facilement à la base, ce qui a donné son nom au Saule fragile.

Dans la nature, surtout en Europe centrale, il se croise facilement avec le Saule blanc. L'hybride s'appelle le Saule rouge *(S. × rubens).* Les hybrides des Saules ont des caractéristiques morphologiques instables, ressemblant tantôt à l'un, tantôt à l'autre parent, suivant les individus. Le Saule fragile résiste parfaitement au gel. Il a besoin d'un bon ensoleillement et d'un sol plus riche et plus équilibré quant à l'humidité que le Saule blanc. Comme le Saule des vanniers (voir description suivante), le Saule fragile produit l'osier, utilisé en vannerie.

S. fragilis

Le Saule fragile atteint la taille de 10 à 15 mètres. Son fût assez bas porte une couronne ample. Les rameaux brun-gris latéraux divergent de la branche en angle obtu. Les bourgeons brun-jaune coniques sont appliqués contre le rameau (4). Les feuilles lancéolées, au bord denté (1), ont 7 à 14 cm de long sur 2 à 3,5 cm de large. Leur face supérieure est d'un vert brillant, leur envers est vert-gris. Le pétiole est long de 2,5 cm. Le Saule fragile fleurit un peu plus tard que le Saule blanc, c'est-à-dire vers la fin du mois d'avril, avant la feuillaison. Les fleurs mâles groupées en chatons ont deux étamines (2). Les capsules (3) disposées en épis de 2 à 3 cm de long s'ouvrent et libèrent la semence au mois de mai.

L'hybride, *S. × rubens,* a des rameaux plutôt pendants, des feuilles denticulées, longues de 8 à 15 cm. Leur envers est d'abord recouvert de fins poils soyeux, puis devient glabre.

1
2 ♂
3
4

Saule des vanniers ou **Osier commun** — Salicacées

Salix viminalis L. — *Salicaceae*

L'appellation scientifique de ce Saule arbustif indique bien que ses rameaux servent de matière première pour la vannerie. Le Saule des vanniers est commun dans toute l'Europe. Au nord, il pénètre jusqu'au centre de la Suède et de la Norvège, en Russie jusqu'à la zone de la toundra. Dans les parties méridionales de l'Europe, on le rencontre partout, sauf dans le sud de l'Espagne et de l'Italie. En Europe centrale, il pousse en plaine, ne montant jamais au-delà d'une altitude de 400 à 500 mètres. Le Saule des vanniers forme des peuplements arbustifs sur les berges des rivières, des ruisseaux et des étangs. Il se mêle souvent aux Saules amandiers *(S. triandra)* et aux Saules pourpres *(S. purpurea).* Il supporte bien les inondations périodiques, mais ne pousse jamais sur les sols vaseux aux eaux stagnantes. C'est un arbre qui a besoin de beaucoup de lumière et qui dépérit à l'ombre. Sa longévité ne dépasse guère trente ans. Le Saule des vanniers n'est pas exigeant quant à la qualité du sol: il pousse aussi bien sur le gravier ou sur le sable que sur les terrains alluviaux argileux. Il rejette facilement de souche et on le reproduit par boutures d'hiver. On a sélectionné à partir du Saule des vanniers de nombreuses variétés qu'on cultive dans des oseraies pour utiliser leurs rameaux pour la vannerie. On le plante parfois dans les parcs, au bord des bassins et des cours d'eau, ou sur les sols pauvres pour les améliorer.

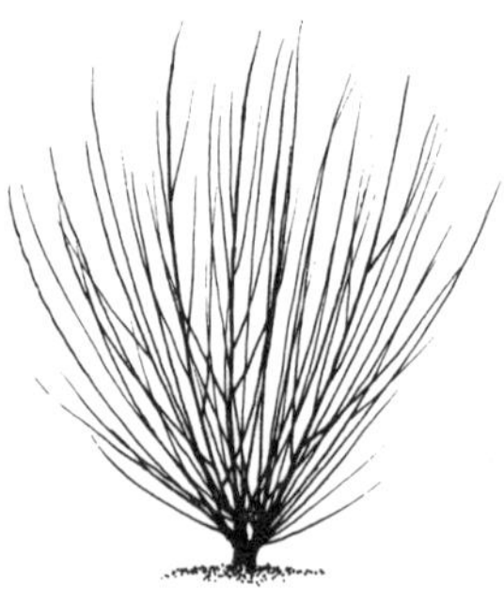

4

Le Saule des vanniers est un arbuste aux longs rameaux flexibles, hauts de 4 à 8 mètres. L'écorce brun-gris est lisse, les bourgeons plats sont appliqués contre les rameaux (4). Les feuilles étroitement lancéolées ont 12 à 18 cm de long sur seulement 5 à 12 mm de large. Les bords du limbe sont entiers, sinueux, parfois, révolutés (1). Son envers est couvert de poils argentés et soyeux. La floraison a lieu en mars, avant le débourrement des bourgeons. Les fleurs mâles ont deux étamines, les femelles deux stigmates (2). En mai, mûrissent les capsules (3) disposées en épis longs de 4 à 5 cm. Elles libèrent de petites semences portant des poils blancs.

1
3
2 ♂

Saule marsault — Salicacées
Salix caprea L. — *Salicaceae*

Saule gris
Salix cinerea L.

Contrairement aux autres Saules, le Saule marsault n'est pas tributaire de l'eau, mais apparaît dans différents types de forêts, depuis la plaine jusqu'à une altitude de 1000 mètres. Indigène dans toute l'Europe y compris l'Islande et les régions au-delà du cercle polaire, il fait une percée, à l'est, jusqu'au Japon. C'est un petit arbre à croissance rapide qui ne vit guère plus de cinquante ans et qui tend à coloniser les endroits déserts de la forêt dégradée ou qui pousse disséminé sur leurs lisières et dans les clairières. Les sylviculteurs l'apprécient beaucoup, car le Saule marsault ne se développe pas au détriment des autres arbres, ses feuilles mortes améliorent le sol, ses rameaux et son écorce servent de nourriture au gibier, et dès que les principaux arbres commencent à le dépasser, il dépérit spontanément, leur cédant sa place. Il est décoratif surtout au printemps, et les rameaux fleuris des arbres mâles sont les premiers messagers de la belle saison. Mais cette floraison précoce n'est pas seulement un régal pour les yeux: elle constitue aussi une importante source de nourriture pour les abeilles. Arbre résistant, ne craignant pas le gel, le Saule marsault recherche la lumière en s'accommodant de toutes les natures de sol.

Le Saule gris *(S. cinerea)* ressemble au Saule marsault par ses feuilles assez larges. Lui aussi, il est commun dans toute l'Europe jusqu'à la Laponie, à la limite de la forêt, au-delà du cercle polaire. Ses plus grandes concentrations se trouvent en Europe centrale. Il pousse surtout dans les marécages et au bord des cours d'eau pas très rapides, en plaine et en montagne jusqu'à 700 mètres. Comme le Saule marsault, le Saule gris sert à reboiser les terrains vides et à fertiliser les sols pauvres.

S. caprea

Le Saule marsault est un arbuste ou un arbrisseau dont la taille varie entre 5 et 12 mètres. L'écorce gris-vert se transforme, à la base du tronc, en un rhytidome fissuré dans le sens de la longueur. Les rameaux forts portent des bourgeons bruns de forme ovoïde (4). Les feuilles largement ovées, mesurent 6—10 cm. Leur envers est tomenteux vert-gris, le bord du limbe est irrégulièrement découpé (1). Les stipules placées à la base du pétiole poussent très tôt. Les fleurs mâles jaunes et les fleurs femelles verdâtres (2) ont 2 à 3 cm de diamètre. La floraison a lieu au mois de mars. Les fruits sont des capsules (3) groupées dans un épi, long de 5 cm. Ils parviennent à maturité en mai.

2 ♂

1

2 ♀

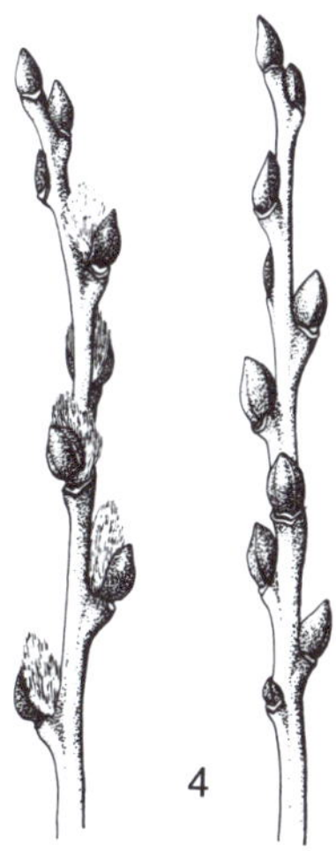

4

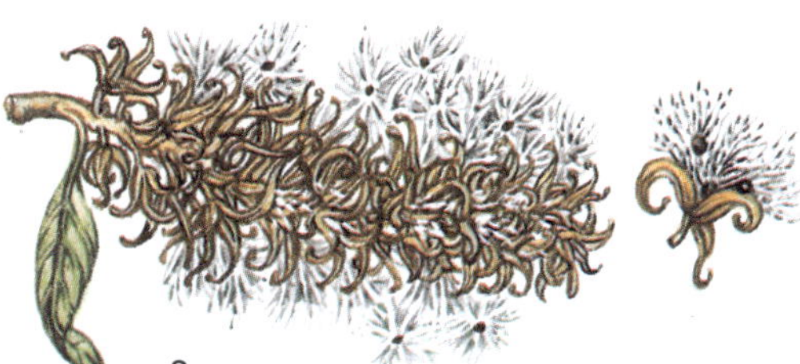

3

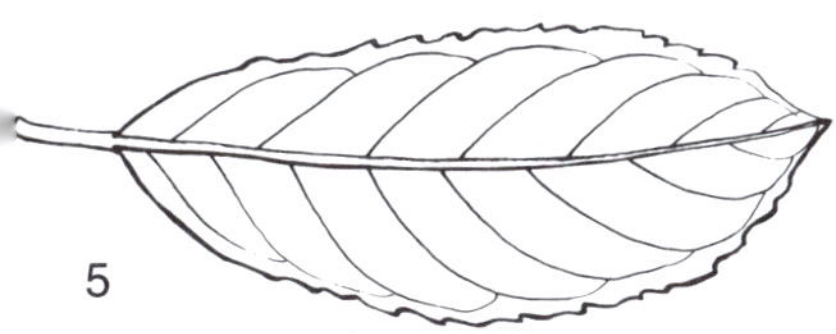

5

La taille du Saule gris varie entre 2 et 6 mètres. Ce Saule se distingue par ses rameaux gris tomenteux. Les feuilles obovées (5) sont plus étroites que celles de l'espèce précédente. Leur envers est gris-vert tomenteux, le bord est faiblement denté. Les stipules à la base du pétiole sont persistantes.

Peuplier tremble ou **Tremble** Salicacées
Populus tremula L. *Salicaceae*

Le Tremble est un arbre des forêts. Commun dans toute l'Europe, il pénètre, au nord, jusqu'au cercle polaire, et à l'est, il pousse de la Sibérie jusqu'à l'Asie orientale. Les plus fortes concentrations de ses populations se trouvent en Europe septentrionale où il occupe une place privilégiée dans l'industrie du bois. Quant à sa répartition altitudinale, on le rencontre depuis la plaine jusqu'à une altitude de 1000 mètres. Il recherche surtout les forêts claires des feuillus, à forte concentration de Chênes. Le Tremble est connu pour ses feuilles qui frémissent sans cesse, tremblement causé par son fin pétiole plat. C'est un arbre à croissance vigoureuse qui atteint très vite sa taille maximale et qui dépérit à cent ans. Le Tremble est absolument insensible au gel et sans exigences quant à la fertilité du sol. Son appareil racinaire est peu profond, mais les racines horizontales s'étalent à une distance de 20 mètres à partir du tronc. Le Tremble peut d'ailleurs se reproduire par ses racines drageonnantes. Il se multiplie également par ses semences qui se répandent pour germer aussitôt. Le Tremble a tous les attributs d'un arbre-pionnier: sa semence abondante et légère vole loin de l'arbre. Essence de lumière, le Tremble pousse rapidement et dépérit assez tôt. Il s'adapte à n'importe quel type de sol. On le rencontre fréquemment dans les clairières et sur les terrains laissés à l'abandon. Son bois blanc et léger se fend très facilement, de sorte qu'on l'utilise, entre autre chose, pour la fabrication d'allumettes et de toitures.

Le Tremble atteint la taille de 20 à 30 mètres. Son houppier aux branches éparses est placé haut. Son écorce gris-vert reste longtemps lisse et se transforme, à la base du tronc, en un rhytidome noirâtre craquelé. Les rameaux bruns luisants portent des bourgeons bruns, à l'apex acéré. Les feuilles largement ovées (1), au bord grossièrement denté, mesurent 3–5 cm. Le pétiole aplati mesure 4 à 6 cm de long. Le Tremble est un arbre dioïque. Ses fleurs mâles (2) sont des chatons rouge-gris, longs de 8 cm environ. Les chatons femelles sont vert-gris. La floraison a lieu en mars, avant la feuillaison. Les fruits sont des capsules (3) serrées en une sorte d'épi, long de 10 cm. Les capsules libèrent, vers la fin du mois de mai, une abondante semence de petite taille qui porte des poils blancs.

2 ♂
2 ♀
1
3

Peuplier blanc — Salicacées

Populus alba L. — *Salicaceae*

L'appellation scientifique du Peuplier blanc désignant l'espèce provient de la face inférieure blanc argenté de ses feuilles. C'est un arbre typique des forêts des plaines. Il pousse dans les vallées, et aux bords du cours inférieur des grandes rivières et des fleuves. Son aire d'extension occupe toute l'Europe, à l'exception des pays du Nord (en effet, on ne rencontre pas le Peuplier blanc au bord de la mer Baltique), et pénètre loin en Sibérie. C'est une espèce à croissance rapide qui vit jusqu'à trois cents ans. Les troncs des vieux arbres atteignent 2 mètres de diamètre. Il recherche un bon ensoleillement, les sols humides, un peu plus secs, toutefois, et plus acides que ceux recherchés par le Peuplier noir. Les inondations temporaires et l'ensablement ne le gênent pas outre mesure. Son appareil racinaire se ramifie abondamment en largeur, les racines maîtresses pouvant atteindre une distance de 20 mètres à partir du tronc. Les racines superficielles drageonnent et leurs rejetons représentent un phénomène gênant dans les parcs. On met à profit cette riche ramification en plantant les Peupliers blancs sur les terrains sablonneux afin de les fixer. Ce Peuplier se reproduit par semence ainsi que par boutures racinaires qui ont à peu près la taille d'un crayon. Les boutures de ses rameaux prennent difficilement. Son bois à l'aubier clair et au bois de cœur brunâtre est utilisé pour la fabrication de la cellulose. On plante également dans les parcs et dans les allées sa variété à port pyramidal, originaire du Turkestan, que certains spécialistes considèrent comme une espèce indépendente: *P. bolleana* Lauche.

Arbre majestueux à la couronne assez large et arrondie, le Peuplier blanc atteint une taille variant entre 30 et 35 mètres. Son tronc puissant est recouvert d'une écorce grise lisse qui se transforme, à la base, en un rhytidome noir fissuré. Les jeunes rameaux et les bourgeons blanchâtres sont tomenteux (4). Les feuilles à cinq lobes, longues de 6 à 12 cm, ont l'envers couvert d'un duvet blanc (1). Les lobes du feuillage des branches inférieures ne sont que faiblement ébauchés. La floraison a lieu en mars. Les chatons mâles, longs de 4 à 7 cm, sont jaune-rouge, les femelles sont jaune-vert (2). Les fruits mûrissent en mai. Les capsules s'ouvrent (3), et les fines graines qui portent des poils blancs, s'envolent.

1
2 ♂
4
3
2 ♀

Peuplier noir
Populus nigra L.

Salicacées
Salicaceae

Le Peuplier noir est l'arbre des larges bassins fluviaux. Il est répandu partout en Europe, à l'exception de l'Écosse, des pays nordiques et des régions septentrionales de l'Union soviétique. Au sud, son aire d'extension déborde jusqu'au nord de l'Afrique et en Asie Mineure. C'est un arbre imposant, à la couronne ample et au tronc mesurant 1 à 2 mètres de diamètre. Il pousse souvent associé aux arbres au bois tendre, surtout aux Saules et aux Trembles. Il est fréquent sur les sols alluviaux qui contiennent du sable et des gravillons, sur lesquels il peut atteindre facilement les eaux souterraines. Il supporte les inondations de courte durée ainsi que les dépôts de sable ou de gravier qui l'obligent à développer des racines adventives. Le Peuplier noir a besoin d'un bon ensoleillement. Son appareil racinaire, très développé, pénètre en profondeur. Il rejette facilement de souche, et on le reproduit par bouturage. Au cours des dernières décennies, on a eu tendance à le remplacer dans les forêts par les Peupliers canadiens. Il s'agit des hybrides obtenus par le croisement du Peuplier noir d'Europe avec le Peuplier de Virginie *(P. deltoides* Marsh.*)*. A partir de ces hybrides, on a pu sélectionner toute une série de cultivars qui se distinguent par une croissance rapide et par une grande productivité de bois.

Dans les parcs et dans les allées, on rencontre fréquemment le Peuplier de Lombardie *(P. nigra* var. *pyramidalis* Spach., syn. *P. nigra* var. *italica).* Cet arbre à port étroitement colonnaire est connu depuis l'époque napoléonienne où on le plantait le long des routes. Il meurt plus jeune que le Peuplier noir et est plus sensible au froid.

P. nigra

P. nigra
var. *pyramidalis*

La taille du Peuplier noir varie entre 30 et 35 mètres. Une écorce noire craquelée recouvre le tronc. Les rameaux jaunâtres ont une section arrondie, les bourgeons (4) résinifères sont longs et pointus. Les feuilles, longues de 6 à 10 cm, sont ovées rhombiques. Le pétiole est long et aplati (1). Le bord du limbe est denticulé, à l'apex acuminé. Les glandes, situées habituellement près du pétiole, ne sont pas apparentes. C'est un arbre dioïque. Les chatons mâles, longs de 5 à 6 cm, sont rouges, les chatons femelles de 10 cm sont verdâtres (2). Les capsules (3) mûrissent début juin. Elles libèrent des petites graines aux poils blancs qui gardent pendant quelques jours leur faculté de germination.

1
2 ♀
2 ♂
3
4

Noyer commun Juglandacées
Juglans regia L. *Juglandaceae*

Noyer noir
Juglans nigra L.

Noyer cendré
Juglans cinerea L.

Dans la Rome antique, le Noyer commun était déjà apprécié pour la saveur de ses fruits. Le nom scientifique désignant le genre, *Juglans,* vient du latin *Jovis glans* qui signifie la gland de Jupiter. Le Noyer est originaire d'une vaste région qui s'étend sur l'Asie Mineure, l'Iran et le sud de la presqu'île balkanique. Depuis l'Antiquité, on a commencé à cultiver le Noyer dans les autres pays, et les limites de son aire d'extension se sont avancées vers le nord. Actuellement, il est naturalisé en Europe occidentale et centrale où il pousse dans les allées et dans les vergers des arbres aux fruits oléagineux. C'est une espèce de lumière qui se plaît sur les versants des collines exposés au soleil et bien abrités. Sur les substrats calcaires, il monte jusqu'à une altitude de 700 mètres. Il a besoin d'un sol fertile et profond. Ses racines fortement développées pénètrent jusqu'à une profondeur de 3 mètres. Les racines latérales qui poussent à l'horizontale, atteignent une distance de 15 mètres à partir de la base du tronc. Pour qu'il puisse donner beaucoup de fruits, il a besoin d'un bon ensoleillement. Le Noyer commun est très sensible au froid. Pendant les hivers rudes, ses branches peuvent être endommagées par le gel.

Le Noyer noir *(J. nigra)* est un arbre important pour la sylviculture. Il est originaire de l'Amérique du Nord: du bassin du Mississippi. Il a été introduit en Europe en 1629, et on le plante couramment dans les forêts pour son bois d'excellente qualité, et pour sa croissance rapide. Il a besoin d'un bon ensoleillement et supporte le gel jusqu'à −25 °C. On extrait de l'huile de ses fruits.

Le Noyer cendré *(J. cinerea)* est une espèce voisine qui résiste encore mieux au gel et qui est moins exigeante quant à la qualité du sol. Son bois est de moindre qualité.

J. regia

La taille du Noyer commun varie entre 20 et 25 mètres. Son écorce est grise, craquelée. La moelle des rameaux est transversalement cloisonnée, caractéristique générale de tous les Noyers. Ses feuilles imparipennées se composent de cinq à neuf folioles entières (1). La floraison (2) a lieu en mai. Les fruits sont des drupes ovées ou globuleuses qui ont 3 à 5 cm de diamètre, y compris l'enveloppe verte (3). Lorsqu'elles sont mûres, l'enveloppe s'ouvre et laisse échapper la noix (4).

La taille du Noyer noir dépasse 30

mètres, le diamètre de son tronc est de 150 cm. Son écorce gris foncé est profondément cannelée. Les feuilles, longues de 25 à 50 cm, se composent de quinze à vingt-trois folioles aux bords dentés. Les fruits sont des drupes globuleuses de 3 à 5 cm de diamètre. La noix dont la coque ligneuse est profondément sillonnée (5), tombe avec son enveloppe verte.

L'écorce du Noyer cendré est moins craquelée, ses feuilles sont couvertes de poils. Les fruits sont allongés (6), tomenteux et visqueux, groupés en une grappe de trois à six drupes.

Carya amer Juglandacées
Carya cordiformis K. KOCH *Juglandaceae*

Noyer blanc d'Amérique
Carya ovata K. KOCH

Le Carya est une espèce proche du Noyer. Elle s'en distingue essentiellement par l'absence de cloisons dans la moelle des rameaux, par ses feuilles pennées plus courtes et par la coque lisse ou légèrement côtelée de ses noix. Presque tous les Caryas sont originaires de l'Amérique du Nord, à l'exception de deux espèces qui proviennent d'Extrême-Orient. Le Carya amer pousse à l'état sauvage dans la partie orientale des États-Unis où il apparaît dans les bassins fluviaux, associé aux Chênes, aux Érables et aux Ormes: depuis le Texas jusqu'au sud du Canada. Il recherche les sols fertiles, suffisamment humides et un ensoleillement moyen. Les températures qui descendent jusqu'à −30° C ne le gênent pas. Il a été introduit en Europe en 1689 et, aujourd'hui, on le cultive dans les parcs d'Europe occidentale et centrale. Arbre à croissance vigoureuse, il atteint à 20 ans la taille de 5 mètres. Son bois dur, appelé *hickory*, est très apprécié.

Le Noyer blanc d'Amérique *(C. ovata)* est une espèce proche du Carya amer. Les deux arbres poussent à peu près dans la même région de l'Amérique du Nord, dans les mêmes écosystèmes, associés aux mêmes arbres. Le Noyer blanc d'Amérique recherche un ensoleillement moyen et résiste moins bien au gel que le Carya amer. Il a été introduit en Europe en 1629, et on peut le rencontrer aujourd'hui dans les parcs d'Europe occidentale et centrale. Avant la Seconde Guerre mondiale, on l'a planté expérimentalement en France et en Allemagne, pour son bois d'excellente qualité. On extrait de l'huile de ses fruits doux qui contiennent jusqu'à 50 % de lipides.

C. cordiformis

Le Carya amer atteint la taille de 30 mètres et un diamètre d'un mètre. Jusqu'à quatre-vingts ans, l'écorce reste lisse. Les bourgeons jaunâtres, sans écailles protectrices, sont caractéristiques. Les feuilles imparipennées, longues de 20 à 30 cm, se composent de 7 ou de 9 folioles lancéolées, longues de 8 à 15 cm (1). Le fruit est une drupe globuleuse qui abrite un noyau cordiforme, à la coque verdâtre, fine et lisse (2), mesurant 1,5 à 2 cm de diamètre. La noix lobée est amère.

Le Noyer blanc d'Amérique est un arbre dont l'écorce grisâtre pèle en longues bandes. Les bourgeons sont protégés par les écailles noirâtres. Les feuilles imparipennées, longues de 20 à 30 cm, se com-

1

2

3

4

posent de cinq folioles (3). Le fruit est une drupe globuleuse (4) de 2 à 3,5 cm de diamètre, dont l'enveloppe verte est presque charnue. La coque de la noix est lisse, blanchâtre, faiblement côtelée.

Ptérocarya du Caucase Juglandacées

Pterocarya fraxinifolia (LAMB.) SPACH *Juglandaceae*

Le Ptérocarya du Caucase est un arbre haut de 25 à 30 mètres qui a tendance à développer plusieurs tiges. Il pousse à l'état sauvage dans le Caucase, dans le nord de l'Iran et en Turquie. D'autres espèces appartenant au genre *Pterocarya* apparaissent en Asie orientale. Le Ptérocarya du Caucase recherche les alluvions des bassins fluviaux. Il ne monte guère au-delà d'une altitude de 400–500 mètres. Il a besoin d'un ensoleillement moyen, d'un sol humide et peut supporter des inondations de courte durée. Le sol sec, par contre, ne lui convient pas du tout. Le gel l'endommage, dès que les températures baissent à −25° C. A croissance vigoureuse dans son habitat de prédilection, le Ptérocarya peut atteindre, en dix ans, la taille de 6 mètres. C'est une espèce qui vit jusqu'à deux cents ans. Il drageonne abondamment et rejette facilement de souche. Il a été introduit en Europe en 1782 et, depuis, on le cultive à titre ornemental dans les régions à climat doux et sur les terrains humides. On le plante plus spécialement dans les parcs ou bien le long des cours d'eau. Son feuillage automnal jaune d'or et ses fruits, rassemblés en longues grappes, sont extrêmement décoratifs. Son bois tendre, de qualité médiocre, est utilisé pour la fabrication de la cellulose et de menus objets. Il est déconseillé d'essayer de réduire le nombre de troncs, car les racines se mettent alors à drageonner.

Le tronc du Ptérocarya du Caucase peut atteindre 1 mètre de diamètre. L'écorce gris foncé est superficiellement fissurée dans le sens de la longueur. Comme chez les Noyers, la moelle des rameaux est cloisonnée. Les bourgeons brun-roux sont plissés à la manière des bourgeons dépourvus d'écailles protectrices. Les feuilles alternes, imparipennées, longues de 20 à 40 cm, se composent de quinze à vingt-trois folioles, de 8 à 10 cm de long sur 3 à 4 cm de large. Elles sont faiblement acuminées et ont les bords dentés (1). Les paires du milieu sont les plus longues. Les fleurs mâles et femelles (2) s'ouvrent sur le même pied, d'avril à mai. Les chatons mâles sont courts alors que les femelles mesurent jusqu'à 30 cm. Les fruits sont des petites noix d'1 cm de diamètre, munies de deux ailes. Elles pendent en grappes, longues de 30 cm (3). Les noix mûrissent et tombent en septembre et en octobre.

2
♀
3
1

Bouleau verruqueux Bétulacées
Betula pendula ROTH *Betulaceae*

Le Bouleau est l'arbre caractéristique des régions boréales. Ses différentes espèces sont représentées en Europe, en Asie, en Amérique du Nord. Le Bouleau verruqueux est l'espèce européenne la plus commune. Il pousse depuis la Sicile jusqu'aux régions situées au-delà du cercle polaire, en Norvège et en Suède. A l'est, il pénètre loin en Sibérie. On le rencontre plus fréquemment dans les pays nordiques où il joue un rôle important dans l'industrie du bois. En Europe occidentale et centrale, on le plantait autrefois dans les forêts à croissance rapide pour utiliser son bois comme combustible. C'est un arbre modeste qui n'a pas d'exigences particulières en ce qui concerne la qualité et l'humidité du sol. Il supporte aussi bien un ensoleillement direct que les températures très basses. C'est l'un des premiers arbres à bourgeonner au printemps. Le vent emporte au loin sa légère et fine semence, de sorte que le Bouleau verruqueux arrive à reboiser spontanément tous les espaces vides, les clairières, les pâturages, etc. C'est donc une importante espèce colonisatrice. A croissance vigoureuse, les jeunes Bouleaux dépassent rapidement la strate herbacée et arbustive qui gênent le développement des jeunes arbres. A dix ans, il mesure 5 mètres, mais dépérit à cent ou à cent cinquante ans. Ses racines s'étalent en largeur, mais il arrive que le vent ou la neige déracinent l'arbre, car elles sont peu profondes. Le Bouleau verruqueux est d'aspect très variable de sorte qu'il donne naissance à plusieurs cultivars qui se différencient par la forme de leur couronne ('Fastigiata', 'Youngi pendula') ou par la couleur de leur feuillage ('Purpurea'). Très décorative, la variété *dalecarlica* aux feuilles à lobes profondément découpés (5), a été découverte, pour la première fois, dans une forêt scandinave.

La taille du Bouleau verruqueux varie entre 20 et 25 mètres. Presque toute la surface du tronc est recouverte d'une écorce blanche. Le houppier aux ramilles pendantes est aéré. Les feuilles triangulaires, ovées, longues de 3 à 6 cm, ont un bord grossièrement denté et la base du limbe cunéiforme (1). Les chatons mâles apparaissent dès l'automne, les femelles seulement au moment de la feuillaison (2). Ils sont rougeâtres, menus et dressés. Les fruits sont de petites samares à deux ailes translucides (4). Les chatons à fruits mesurent 2–3 cm (3). Les semences se répandent en automne et en hiver.

♀
5
2
♂
3
1
4

Bouleau pubescent
Betula pubescens EHRH.

Bétulacées
Betulaceae

Bouleau de Jacquemont
Betula jacquemontii SPACH

Espèce proche du Bouleau verruqueux, le Bouleau pubescent pousse surtout dans le nord de l'Europe et de la Sibérie. En Europe occidentale et centrale, il apparaît sur les terrains détrempés, marécageux et dans les tourbières, associé aux Saules, aux Érables sycomores, aux Merisiers et aux Viornes. Plus petit que le Bouleau verruqueux (il ne dépasse pas la taille de 20 mètres), le Bouleau pubescent se contente aussi de moins de lumière. Il se distingue par ses ramilles ascendantes. Dans les pays nordiques, on le considère comme un arbre de forêt important.

Le Bouleau de Jacquemont *(B. jacquemontii)* est une espèce montagnarde, originaire de l'Himalaya où il pousse en Inde et dans l'est de l'Afghanistan, à une altitude qui varie entre 2500 et 4200 mètres. Ce bouleau atteint la taille de 15 à 20 mètres. Son écorce blanchâtre qui se fendille en fines écailles est très décorative. Le Bouleau pubescent et le Bouleau de Jacquemont sont cultivés dans les parcs comme arbres d'ornement. Le Bouleau de Jacquemont souffre du gel au cours des hivers rudes.

B. pubescens

Le tronc du Bouleau pubescent est recouvert d'une écorce blanchâtre ou brunâtre qui reste lisse, même sur les vieux spécimens et sur la partie inférieure du tronc. Les feuilles largement ovées, longues de 4 à 6 cm, ont la base du limbe arrondie (1). L'envers des jeunes feuilles porte des poils denses qui disparaissent partiellement par la suite. Les rameaux adventifs sont, eux aussi, couverts de poils. Le limbe est parcouru de six ou sept paires de veines latérales. Les chatons à fruits sont longs de 2,5 à 3 cm (2). Les graines ne se répandent qu'au début de l'hiver. La semence est munie de deux ailes translucides; l'écaille protectrice de la graine a trois lobes dressés.

Le Bouleau de Jacquemont a des feuilles ovées, longues de 5 à 7 cm, à la base arrondie et possédant sept à dix paires de nervures latérales (3). Les chatons à fruits ont 3 cm de long. La semence, dotée de deux ailes translucides étroites, est protégée par une écaille aux trois lobes dressés.

1
2
3

Aulne noir, glutineux ou **Verne** Bétulacées
Alnus glutinosa (L.) GAERTN. *Betulaceae*

Cet Aulne est appelé noir à cause de son écorce noirâtre. C'est un arbre des lieux humides qui pousse le long des rivières et des ruisseaux, sur les berges des étangs et des lacs, partout, où le sol est détrempé. Commun dans toute l'Europe, l'Aulne noir apparaît depuis l'Espagne jusqu'à la Scandinavie et, à l'est, loin en Sibérie. Arbre des plaines et des collines, en montagne, il ne monte pas au-delà d'une altitude de 800—1000 mètres. C'est un arbre haut de 20 à 30 mètres, au tronc droit jusqu'à la cime. Les branches latérales assez fines poussent presque à l'horizontale. L'Aulne noir croît rapidement: à dix ans, il mesure 4 ou 5 mètres. Jusqu'à cent ans environ, il rejette de souche. Il a besoin d'un bon ensoleillement. Ses racines très développées consolident efficacement les berges des ruisseaux et des rivières. En outre, elles portent des nodosités contenant des bactéries fixatrices d'azote atmosphérique qui nourrit l'arbre et enrichit le sol en même temps. On plante parfois les Aulnes sur des terrains sablonneux pour les améliorer, mais ils y dépérissent rapidement. Son bois jaune orangé est utilisé surtout pour les œuvres immergées et pour la fabrication des crayons.

En hiver, on distingue l'Aulne noir grâce à ses bourgeons violacés et ses chatons mâles qui apparaissent dès l'automne. Ses feuilles largement obovées, presque orbiculaires, longues de 5 à 9 cm, sont, en général, encochées à l'apex (1). Elles ont cinq à six paires de nervures latérales, les jeunes feuilles sont visqueuses. La floraison (2) a lieu tôt au printemps, en mars, avant la feuillaison. Les chatons mâles sont jaunâtres, longs de 12 cm; les chatons femelles sont rouges, longs de 1 cm. Les femelles se transforment en cônes ligneux (3), de 14 à 18 mm qui contiennent plusieurs graines brunâtres (4) de 3 mm de diamètre que le vent dissémine en automne, et qu'il emporte parfois à de grandes distances. Elles se répandent aussi par l'eau, grâce à l'enveloppe aérée qui les entoure et qui leur permet de flotter.

1
2
♀
♂
3
3
4

Aulne blanc
Alnus incana (L.) MOENCH

Bétulacées
Betulaceae

Le nom de l'Aulne blanc vient de son écorce grisâtre qui reste lisse, même sur des vieux arbres. Plus petit que l'Aulne noir, l'Aulne blanc dépérit vers soixante — cent ans, et n'a pas le temps, par conséquent, de développer un tronc épais. Il est surtout fréquent dans les pays nordiques (en Suède, en Norvège et en Finlande), dans le nord de la Russie, jusqu'à la région de la toundra. Tributaire d'un paysage montagneux, on le rencontre dans le reste de l'Europe dans les Alpes, dans les Carpates, le Rhodope et les chaînes montagneuses de Bosnie. Il pousse entre 600 et 1500 mètres d'altitude et, dans les Alpes, il monte jusqu'à 2000 mètres. Il recherche le gravier des berges des torrents ou les éboulis. Ses racines sont peu profondes, mais elles drageonnent facilement. L'Aulne blanc rejette aussi de souche. Les bactéries fixatrices d'azote atmosphérique vivent dans les nodules de ses racines, de sorte qu'on utilise l'Aulne blanc pour reboiser et enrichir les sols pauvres. C'est une espèce qui recherche un bon ensoleillement, mais qui s'adapte facilement à toutes sortes d'écosystèmes. Il semble toutefois qu'il préfère les sols plus légers et plus aérés que l'Aulne noir. Ces deux espèces se croisent facilement, les hybrides portant sur les feuilles et sur l'écorce les attributs ayant des caractères communs à ceux de leurs parents.

Dans les parcs, on plante les cultivars 'Aurea' au feuillage doré, 'Laciniata' aux feuilles décoratives, découpées en six à huit paires de lobes étroits, et 'Pendula' aux rameaux pendants.

L'Aulne blanc mesure 15—20 mètres de haut. Son tronc est recouvert d'une écorce grise qui reste toujours lisse. Les bourgeons ressemblent à ceux de l'Aulne noir. Les feuilles ovées, longues de 4 à 9 cm, ont le bout pointu et le bord doublement denté (1). Elles comportent huit à douze paires de nervures latérales, leur envers est vert bleuté. Les fleurs (2) s'ouvrent quinze jours avant celles de l'Aulne noir. Les chatons mâles sont jaunâtres, longs de 8 cm; les femelles sont rougeâtres. Ils se transforment en cônes ligneux dont les pédicelles sont plus gros que ceux de l'Aulne noir (3). La semence brun clair de 3 mm de diamètre a l'aile plus large que celle de l'autre espèce (4).

1
2
♂
4
3

Noisetier commun ou **d'Europe** — Corylacées
Corylus avellana L. — *Corylaceae*

Noisetier de Byzance
Corylus colurna L.

Le Noisetier commun est, dans la plupart des cas, un arbuste à plusieurs tiges, haut de 8 mètres. Répandu dans presque toute l'Europe, il pénètre, au nord, au-delà du cercle polaire, au sud, jusqu'à la Turquie et à l'est, jusqu'à la Volga. On le rencontre essentiellement dans la strate arbustive ou à la lisière des forêts de collines. Il monte jusqu'à une altitude de 1000 mètres, sur les versants calcaires, exposés au soleil. Ses fruits comestibles contiennent 60% de lipides. Le Noisetier se reproduit par semence, il est impossible de le multiplier par bouturage. Il vit jusqu'à quatre-vingts ans. Il rejette abondamment de souche, et son appareil racinaire dense fixe bien le sol. C'est un arbuste important qui, à la fois, protège le sol et l'enrichit. On le plante également dans les vergers pour ses fruits. Dans les parcs, on cultive ses variétés au feuillage doré ou rouge.

Le Noisetier de Byzance *(C. colurna)* provient du sud-est de l'Europe et de l'Asie Mineure. C'est un arbre robuste, d'une vingtaine de mètres, au tronc droit et à la couronne conique. Il pousse sur l'humus à une altitude variant entre 800 et 1700 mètres. Il recherche un ensoleillement moyen, et supporte bien le gel jusqu'à −25 °C. C'est un arbre apprécié pour la forme de sa couronne et pour ses fruits insolites; on le plante souvent comme arbre d'ornement ou d'alignement. Il vit jusqu'à deux cents ans.

C. avellana

C. colurna

Le Noisetier commun est un arbuste qui atteint la taille de 3 à 8 mètres. Ses bourgeons ovés, presque globuleux, sont recouverts de plusieurs écailles. Les feuilles obovées, larges, longues de 7 à 12 cm, ont une base cordiforme. Leur bord est doublement denté, l'envers est duveteux (1). Le pétiole, court, ne mesure que 1 ou 2 cm. Les chatons mâles pendants sont longs de 5 à 7 cm; les fleurs femelles, glomérules semblables aux bourgeons, ont des stigmates rouges, en forme de filaments (2). Le fruit est une noisette (3) de 1 à 1,5 cm de diamètre, partiellement recouverte par un involucre vert.

Le Noisetier de Byzance a des feuilles plus arrondies, au pétiole long de 2 à 4 cm. Les fleurs ressemblent à celles du Noisetier commun. La coque des noisettes est plus dure. Les noisettes sont ras-

semblées en une tête fructifère qui porte deux à huit fruits. L'involucre enveloppe entièrement la noix et est découpé en lobes profonds (4).

Charme commun Bétulacées
Carpinus betulus L. *Betulaceae*

Le Charme est un arbre de taille moyenne, au tronc noueux et à la couronne largement ovale. Le diamètre de son tronc ne dépasse pas 60 cm. L'arbre vit jusqu'à deux cents ans. Répandu en Europe occidentale, centrale et méridionale, le Charme commun pénètre, au nord, dans le sud de la Suède et dans les pays baltes, à l'est, jusqu'au Dniepr et au Caucase. C'est une espèce des climats assez doux; en Europe centrale, on ne la rencontre guère au-dessus d'une altitude de 600 mètres. Dans le nord de l'Europe, elle souffre du froid. Le Charme commun pousse surtout associé aux Chênes, dans les forêts mixtes où il fait partie de la strate arbustive. Il apparaît aussi sur les éboulis, avec les Ormes, les Érables et les Tilleuls. Il supporte un ensoleillement moyen, à condition qu'il pousse sur un sol frais. Il évite les terrains secs, sablonneux ou acides. Ses racines peu profondes ne lui permettent pas de lutter efficacement contre le vent, de sorte que celui-ci arrive à le déraciner. Il rejette facilement de souche, c'est pour cela qu'on l'utilise pour les taillis, quand il a entre vingt et trente ans. Dans certains endroits, on peut rencontrer des charmaies sans mélange d'autres espèces. Il fournit un bois dur et dense, propre à la fabrication de différents outils. Il est aussi utilisé comme bois de chauffage. Il se reproduit par semence qui ne germe qu'au cours de la seconde année. On le plante non seulement pour son bois, mais aussi pour améliorer la qualité du sol. Supportant bien la taille, il convient pour des brise-vent, ou bien pour les parcs, les haies, les abris.

Le Charme commun mesure 20 à 25 mètres. Son écorce gris-vert reste lisse pendant presque toute la vie de l'arbre. Les bourgeons ovés, pointus, ne mesurent que 8 à 12 mm. Les feuilles sont ovales, allongées, longues de 5 à 11 cm, larges de 3 à 5 cm, à la base arrondie. Elles comportent neuf à quatorze paires de veines latérales, et leurs bords sont doublement dentés (1). Les fleurs sont regroupées en chatons pendants (2). Les chatons mâles apparaissent dès l'automne, et mesurent 4 à 6 cm au moment de la floraison. Les chatons femelles, rassemblés aux extrémités des rameaux, sont verdâtres et discrets. La floraison a lieu en avril et en mai. Les épis à fruits pendants mesurent 6 à 12 cm (3). Le fruit est une petite noix côtelée de 6 à 8 mm de diamètre. Elle est placée dans un involucre vert à trois lobes.

♀
2 ♂
1
3

Hêtre commun Fagacées
Fagus sylvatica L. *Fagaceae*

Le Hêtre commun est l'un des arbres des forêts européennes les plus importants. La limite de son aire d'extension parcourt, au nord, la Grande-Bretagne, le sud de la Norvège, de la Suède, jusqu'à la mer Baltique. En Pologne orientale, elle bifurque vers les Carpates, l'Ukraine, pour s'arrêter dans les Balkans. Le Hêtre commun pousse en montagne dans le sud de l'Europe et il évite les régions froides du nord et de l'est de l'Europe. Quant à sa répartition altitudinale, en Europe centrale, elle se situe à une altitude de 300 à 1000 mètres. Le Hêtre commun recherche des substrats calcaires et, dans son écosystème de prédilection, c'est une espèce expansive qui constitue des hêtraies sans mélange d'autres arbres. A des altitudes plus élevées, il pousse associé aux Sapins et aux Épicéas, à faible altitude, il se mêle aux Charmes et aux Chênes. A croissance lente lorsqu'il est jeune, il s'accommode d'un ensoleillement moyen. Son feuillage abondant agit comme engrais naturel lorsqu'il tombe, en automne. Les jeunes feuilles vert tendre et le feuillage automnal couleur de bronze en font un arbre apprécié pour sa beauté. Ses fruits servent de nourriture au gibier et, autrefois, on conduisait les animaux domestiques dans la forêt au moment de la fructification. Le Hêtre rejette difficilement de souche, et se régénère naturellement par graines. Le bois du Hêtre est rougeâtre et dur. On l'utilise pour la fabrication de meubles, de parquets et de traverses de voies ferrées. Dans les parcs, on plante fréquemment les cultivars au feuillage multicolore ('Atropunicea', 'Zlatia', 'Roseomarginata'), aux feuilles laciniées ('Laciniata', 'Asplenifolia', 'Cristata'), ou bien à port colonnaire ('Dawycki') ou encore, aux rameaux tombants ('Pendula').

Le Hêtre commun atteint la taille de 30 à 40 mètres, et développe un tronc droit, coiffé d'un houppier haut placé. L'écorce gris argenté reste lisse, même sur les vieux spécimens. Les bourgeons fusiformes, longs de 2 cm, sont obliques au rameau (5). Les feuilles ovales, longues de 4 à 9 cm ont des bords ciliés, entiers ou à courtes dents. La face supérieure est vert brillant. Le limbe est parcouru de 5 à 9 paires de veines latérales (1). Les fleurs mâles poussent dans des bouquets terminaux aux longs pédicelles; les femelles poussent par paires, entourées d'un involucre dressé (2). La floraison a lieu en avril et en mai. Les faines (3) brunes, triangulaires, longues de 1 cm environ, sont protégées par des cupules épineuses dures (4). Elles mûrissent en octobre.

1

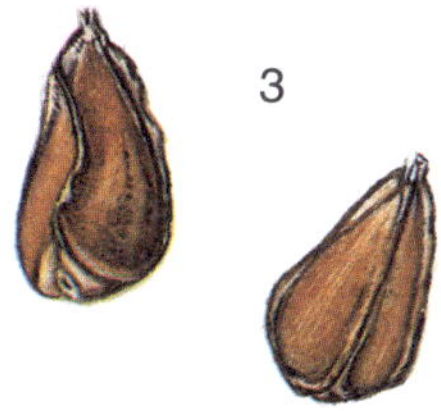

3

4

Châtaignier commun | Fagacées

Castanea sativa MILL. | *Fagaceae*

On cultivait déjà le Châtaignier commun pour ses fruits au goût agréable, dans la Grèce et dans la Rome antique. Si on peut difficilement délimiter son aire d'extension, on peut constater qu'il est indigène en Espagne, dans le sud de la France, en Suisse, en Autriche, dans les Balkans, en Asie Mineure et dans le Caucase. Il est commun également, depuis des millénaires, en Grande-Bretagne, en Allemagne et en Hongrie, et actuellement, il est même cultivé en Norvège et au Danemark. Ce sont les moines qui l'ont introduit dans différents pays. C'est un arbre qui vit jusqu'à mille ans, et certains vieux spécimens peuvent atteindre 4 mètres de diamètre. Pour son développement, il a besoin des mêmes conditions climatiques que la vigne. Dans les régions froides, le gel endommage ses rameaux et laisse des traces sur son tronc. Le Châtaignier commun n'a pas d'exigences particulières quant à la qualité du sol, mais il préfère toutefois les substrats calcaires et évite les sols acides. Ses racines sont fasciculées et il rejette facilement de souche. Arbre de forêt, il se contente d'un ensoleillement moyen, mais les variétés fruitières ont besoin de lumière. On le cultive souvent pour ses fruits comestibles. Le Châtaignier commun fructifie à partir de la quinzième année. Il pousse relativement vite, et fournit un bois dur de bonne qualité, utilisé pour la fabrication de meubles, de tonneaux et dans la construction navale. Son bois et son écorce contiennent des tanins. On plante parfois le Châtaignier commun dans les parcs, à titre ornemental.

Le Châtaignier commun est un arbre robuste qui atteint la taille de 20 à 25 mètres. Son tronc est couronné d'un houppier dense et ample. Il est recouvert d'une écorce fissurée dans le sens de la longueur. Les bourgeons alternes deviennent de plus en plus grands vers l'extrémité du rameau (5). Les feuilles elliptiques allongées, longues de 10 à 20 cm, ont le bout pointu, les bords dentés et un aspect coriace (1). Le limbe est parcouru par quinze à vingt paires de nervures latérales. Les fleurs mâles sont regroupées en chatons dressés, longs de 10 à 20 cm. Les fleurs femelles sont placées à la base des chatons mâles, ou encore, rassemblées en courts chatons autonomes (2). La floraison a lieu fin juin. La fécondation se fait par l'intermédiaire des insectes. Le fruit est une capsule épineuse (3) de 5 cm de diamètre. Au mois d'octobre, lorsqu'elle est mûre, elle s'ouvre et laisse tomber deux ou trois graines brun luisant: les châtaignes (4).

3
2 ♂
4
♀
5
1

Chêne chevelu
Quercus cerris L.

Fagacées
Fagaceae

Chêne-liège
Quercus suber L.

Le Chêne chevelu est originaire du sud de l'Europe. De nos jours, il pousse surtout en Hongrie, en Roumanie et dans les Balkans. Au nord, les Alpes et les Carpates constituent une sorte de barrière naturelle à son aire d'extension. A l'ouest, il pénètre en Italie et dans le sud de l'Espagne, à l'est, en Asie Mineure. Il pousse surtout dans les forêts mixtes qui recouvrent les pentes des collines et ne monte pas au-delà d'une altitude de 500 à 700 mètres. Indifférent à la fertilité et à l'humidité du sol, il évite toutefois les sols riches en calcaire. Il atteint en général l'âge de deux cents ans. Actuellement, on le plante même plus au nord, mais le gel risque de l'endommager. Son bois de qualité médiocre perd encore plus de sa valeur. Dans le sud-est de l'Europe, il reste cependant un arbre de forêt important. Son bois dur est utilisé pour la fabrication de meubles, de traverses de voies ferrées, de tonneaux, etc. Dans les parcs d'Europe occidentale et centrale, on le plante à titre ornemental car son feuillage vert sombre est très décoratif.

Le Chêne-liège *(Q. suber)* est une espèce sempervirens, originaire des pourtours de la Méditerranée où elle pousse au Portugal, en Espagne, au Maroc, en Algérie et en Tunisie. Le Chêne-liège est une espèce de lumière qui a besoin d'un climat chaud et humide. C'est pour cette raison qu'on le rencontre surtout sur le littoral où les précipitations sont au minimum de 600 mm par an. Le Chêne-liège évite les sols calcaires. Il est planté pour son écorce, le liège du commerce, qu'on peut enlever tous les cinq à sept ans, sans endommager l'arbre. On utilise son bois comme combustible ou bien on fabrique avec le charbon de bois. Le Chêne-liège vit jusqu'à quatre cents ans.

Q. cerris

Le Chêne chevelu atteint une taille qui varie entre 20 et 30 mètres. L'écorce qui recouvre son tronc est noirâtre, grossièrement craquelée. Une touffe de stipules pousse à côté des bourgeons. Les feuilles allongées, elliptiques, longues de 6 à 12 cm, ont des lobes pointus (1). Elles sont vert sombre, brillantes, à l'aspect coriace. Les fleurs mâles (2) s'ouvrent au début du mois de mai. Les fruits sont des glands, akènes longs de 3 cm environ, enchâssés dans une cupule constituée d'écailles soudées (3) qui les recouvre à peu près d'un tiers. Les glands mûrissent pendant deux ans. Au cours de la première année, ils atteignent seulement la taille d'un petit pois.

La taille d'un Chêne-liège varie de 15 à

3

1

20 mètres. Sa couronne est large et arrondie, son rhytidome en liège épais. Les feuilles ovoïdes allongées, longues de 3 à 7 cm, ont des bords entiers ou portant des dents épineuses éparses (4). La face supérieure des feuilles est vert foncé brillant, l'envers grisâtre tomenteux. Les glands mûrissent au cours de la première année. Ils ont 3 cm de long et sont logés dans une cupule constituée d'écailles soudées qui enserre à peu près la moitié du gland.

4

Chêne pédonculé Fagacées
Quercus robur L. *Fagaceae*

Parmi les arbres feuillus d'Europe, le Chêne pédonculé personnifie la puissance, la majesté et la pérennité. C'est un arbre de première grandeur dont le tronc peut atteindre un diamètre de 2 à 3 mètres. Il développe un houppier puissant et ample. Le Chêne pédonculé est répandu depuis l'Europe occidentale jusqu'à l'Oural, pénétrant, au nord, jusque dans le sud de la Suède. Il pousse dans les vastes forêts des bassins fluviaux, mélangé aux Ormes, aux Frênes, aux Charmes et aux Tilleuls. Il recherche plus particulièrement les sols compacts, fertiles, suffisamment humides. En montagne, il ne s'élève pas au-delà d'une altitude de 400 à 500 mètres. Essence de lumière, il constitue, dans les forêts, la strate arborescente. Le débourrement de ses bourgeons est tardif et sa couronne donne un feuillage avec des trouées qui ménagent la lumière aux arbres avoisinants. Son système racinaire est fortement développé, et la racine maîtresse, pivotante, atteint plusieurs mètres de profondeur, de sorte qu'autrefois, on plantait les Chênes pédonculés sur les digues des étangs afin de les consolider. C'est un arbre qui vit jusqu'à mille ans, et les vieux spécimens à port majestueux constituent un élément fort apprécié dans un parc ou dans la nature. Son bois dur est très recherché. On l'utilise pour la fabrication de lames de parquets, de tonneaux et de meubles. Contenant des tanins, il résiste à l'eau de sorte qu'on l'utilise également pour les œuvres immergées et dans la construction navale. Ses glands servent de nourriture au gibier et aux porcs. Il existe plusieurs cultivars du Chêne pédonculé: 'Fastigiata' à port colonnaire, 'Concordia' au feuillage jaune, 'Pectinata' aux feuilles laciniées. Ils sont fréquemment plantés comme arbres d'ornement ou d'alignement.

Le Chêne pédonculé peut atteindre la taille de 40 mètres. Son tronc puissant est recouvert d'une écorce noirâtre, profondément sillonnée. Les feuilles alternes, longues de 10 à 12 cm, ont les lobes peu marqués et la base du limbe auriculée (1). Le pétiole n'a que 1 cm long. La floraison (2) a lieu en mai. Les inflorescences mâles sont des chatons grêles et pendants, les fleurs femelles menues sont placées dans une cupule. Le gland (3), long de 2 à 3 cm, est un akène, enserré dans une cupule plate (4) jusqu'à un tiers de sa longueur. La fructification a lieu en septembre et en octobre.

♀
2 ♂
3
1
4

Chêne rouvre Fagacées
Quercus petraea LIEBL. *Fagaceae*

Le Chêne rouvre est une espèce proche du Chêne pédonculé. Il atteint la même taille, mais son fût est moins épais et son houppier plus étroit. Il se distingue essentiellement par ses feuilles plus longuement pétiolées, et par ses glands sessiles. Le Chêne rouvre est commun dans la majeure partie de l'Europe. Au nord, il s'étend jusqu'à la latitude de 60° Nord, et à l'est, on le rencontre en Ukraine, dans les collines et en basse montagne, jusqu'à une altitude de 700 mètres, c'est-à-dire dans les zones à faibles taux de précipitations annuelles et à l'air relativement peu humide. Il ne s'aventure pas dans les régions au climat continental de la Russie. Le Chêne rouvre pousse mélangé aux Charmes, aux Pins, aux Bouleaux, aux Tilleuls et aux Hêtres. Sur les versants secs et ensoleillés, il apparaît associé à l'Alisier torminal et à l'Érable champêtre. C'est une espèce de lumière, plus indifférente à la fertilité et à l'humidité du sol que le Chêne pédonculé, supportant même les sols acides. Le Chêne rouvre est, par contre, assez sensible au froid et le gel endommage son tronc. Il rejette bien de souche et autrefois, on le plantait avec le Charme comme bois de chauffage, dans les taillis à développement rapide. Son bois a les mêmes qualités et utilisations que celui du Chêne pédonculé. Comme il supporte bien la pollution atmosphérique, on le plante fréquemment comme arbre d'alignement dans les villes. Sa longévité varie entre quatre cents et cinq cents ans.

La taille du Chêne rouvre est de 30 à 35 mètres. Sa couronne est plus étroite que celle du Chêne pédonculé. L'écorce gris foncé est craquelée dans le sens de la longueur sur les troncs des vieux arbres. Les bourgeons terminaux sont rassemblés, comme ceux du Chêne pédonculé, sur les extrémités des rameaux (3). Les feuilles alternes, obovées, longues de 8 à 12 cm, ont cinq à huit lobes peu profonds de chaque côté du limbe. La base est cunéiforme et le pétiole mesure 2 à 3 cm (1). Le Chêne rouvre fleurit dix jours après le Chêne pédonculé et ses fleurs femelles sont sessiles. Les glands sont plus petits que ceux de l'espèce précédente et sont également sessiles (2).

1
2
3

Chêne pubescent Fagacées
Quercus pubescens WILLD., *Fagaceae*

Chêne yeuse ou **Chêne vert**
Quercus ilex L.

Originaire du sud de l'Europe, le Chêne pubescent est une espèce des régions chaudes. Actuellement, il est indigène en Espagne, dans le sud de la France, en Italie, dans les Balkans et en Asie Mineure. Au nord, il apparaît sporadiquement en France, dans les régions du Rhin et de Bade-Wurtemberg et, dans certains endroits, en République tchèque et en Slovaquie. Dans le sud de l'Europe, on peut le rencontrer en montagne, et plus au nord, dans les collines, à une altitude de 400 à 500 mètres. Il recherche plus particulièrement les versants secs, ensoleillés, aux substrats calcaires, andésiques et basaltiques. C'est un élément des forêts des régions au climat doux ou des steppes forestières où il pousse associé aux Alisiers blanc et torminal, à l'Érable champêtre, au Neprun et au Cornouiller. Dans les régions agricoles, on a transformé la plupart de ses formations naturelles en vignobles et en vergers. Essence de lumière, le Chêne pubescent ne supporte pas le gel. Il se regroupe en formations clairsemées qui laissent passer la lumière et vit jusqu'à cinq cents ans. Son bois n'est pas très recherché. On le rencontre fréquemment dans les forêts des réserves naturelles.

Le Chêne yeuse ou Chêne vert *(Q. ilex)*, au feuillage semper virens, est originaire des pourtours de la Méditerranée (sud de l'Europe, nord de l'Afrique, Asie Mineure) où il pousse sur les versants rocailleux. De nos jours, on le plante sur le littoral, jusqu'en Grande-Bretagne. Arbre de lumière et des climats doux, il peut supporter la sécheresse, mais aussi le gel de courte durée, jusqu'à −15 °C. On l'utilise pour reboiser les terrains calcaires en pente, ou comme arbre d'ornement, dans les parcs.

Q. pubescens

Le Chêne pubescent mesure 7 à 15 mètres de haut. Son tronc tourmenté est coiffé d'un houppier ample. Les rameaux adventifs sont gris tomenteux. Les feuilles obovées, longues de 5 à 8 cm, ont au printemps l'envers recouvert d'un duvet épais, puis deviennent glabres. La base du limbe est généralement arrondie, le pétiole mesure 8 à 15 mm (1). Les glands, longs de 2 à 3 cm, sont logés dans une cupule tomenteuse sessile (2).

Le Chêne yeuse atteint une taille variant entre 15 et 20 mètres. Ses feuilles elliptiques, longues de 3 à 7 cm, sont sempervirens, coriaces. Leur face supérieure

est vert brillant, l’envers est blanchâtre, tomenteux. Les bords sont entiers ou portent quelques dents acérées (3). Le gland, long de 2 à 3 cm, est enserré dans une cupule jusqu’à la moitié (4).

Chêne rouge — Fagacées
Quercus rubra L. — *Fagaceae*

Le Chêne rouge est originaire d'Amérique du Nord. Il pousse dans sa partie orientale depuis la latitude de 34° Nord jusqu'à la frontière canadienne. Il forme des peuplements mélangés avec d'autres feuillus, tels que les Frênes, les Caryas, les Tilleuls et les autres Chênes. Il a besoin des sols profonds, mais contrairement aux espèces européennes, il se contente des terrains à substrat calcaire ou détrempés. Le Chêne rouge est doté d'un appareil racinaire fortement développé qui l'ancre bien dans le sol. Il a été introduit en Europe dès 1724. Il s'est vite acclimaté et, aujourd'hui, il y est répandu partout, jusqu'au sud de la Suède et de la Norvège. On le plante volontiers dans les forêts car il pousse rapidement et n'a pas d'exigences particulières. On le mélange fréquemment aux pinèdes dont il améliore le sol. Sur les sols non fertiles, les Chênes rouges produisent plus de bois que les Chênes européens. Son bois de cœur dur a la même utilisation que celui des Chênes d'Europe, mais il est moins apprécié. Le Chêne rouge se contente d'un ensoleillement moyen, supportant bien le gel et la pollution atmosphérique. Il vit jusqu'à deux cents ans. On le plante souvent dans les parcs à titre ornemental, car son feuillage automnal a une magnifique teinte rouge (5), particulièrement vive chez les jeunes individus.

Le Chêne rouge atteint une taille de 30 mètres environ. Les arbres solitaires ont un fût court et trapu, une couronne largement déployée. Leurs congénères des forêts ont des troncs colonnaires, portant un houppier plus étroit et arrondi. L'écorce vert-gris reste lisse jusqu'à un âge très avancé. Les feuilles, longues de 12 à 22 cm, ont quatre à cinq paires de lobes acérés (1). Les fleurs (2) ressemblent à celles des espèces européennes, mais les glands du Chêne rouge mûrissent pendant deux ans. En automne de la première année, ils n'atteignent pas la taille d'un petit pois (3). Les glands brun-rouge, longs de 1,5 cm à 2,5 cm, ont la forme d'un tonnelet. Ils sont enserrés, jusqu'à un quart de leur longueur dans des cupules larges et plates (4).

2 ♀
4
2 ♂
3
1
2
3
5

Chêne des marais Fagacées
Quercus palustris MUENCH. *Fagaceae*

Le Chêne des marais est un arbre puissant, à la couronne ovale, dont les branches inférieures sont dirigées vers le sol. Ses branches se dessèchent et dépérissent rapidement, tout en restant sur l'arbre. Le Chêne des marais est originaire de la partie orientale de l'Amérique du Nord où on peut le rencontrer depuis le Tennessee et la Virgine jusqu'à la région des Grands Lacs, au Canada. Il recherche en particulier les sols peu aérés, lourds, détrempés ou les terrains argileux, périodiquement inondés. Il pousse sur cette terre ingrate, mélangé avec certains Ormes *(Ulmus americana),* avec les Liquidambars, les Micocouliers et d'autres espèces de Chênes. Il a été introduit en Europe en 1770 et, depuis, on le plante fréquemment dans les parcs d'Europe occidentale et centrale, car son feuillage, aux lobes déchiquetés, teinté de pourpre en automne, est très décoratif. Le Chêne des marais est le premier Chêne d'Amérique à fleurir au printemps. Il demande un ensoleillement moyen et peut avoir un côté à l'ombre. En Europe occidentale et centrale, il résiste au gel, mais dans la région du golfe de Finlande, par exemple, il n'y parvient plus. Son système racinaire est assez superficiel, de sorte qu'on peut facilement le transplanter. Comme il est indifférent à la pollution atmosphérique, on le plante, dans les villes, comme arbre d'alignement. Il fournit un bois au cœur brunâtre et à l'aubier presque blanc qu'on utilise surtout pour la fabrication des meubles.

La taille du Chêne des marais varie entre 20 et 25 mètres. L'écorce gris-vert reste encore lisse sur les arbres adultes. Les feuilles ont cinq à sept lobes profondément découpés, presque perpendiculaires à la nervure médiane (1). Longues de 8 à 11 cm, elles ont la base cunéiforme et leur envers porte des touffes de poils à la ramification des nervures. Les fleurs mâles sont groupées en chatons longs de 5 à 7 cm, les femelles s'ouvrent sur de courts pédicelles. Les glands mûrissent au cours de la seconde année. Longs de 1 cm, ils sont presque sessiles, enserrés, jusqu'au quart de leur longueur, dans une cupule plate (2).

1
2

Paulownia

Paulownia tomentosa STEUD.

Scrofulariacées
Scrophulariaceae

Le Paulownia est un arbre caduc qui a une large couronne en dôme, au tronc souvent courbé, pouvant atteindre 1 mètre de diamètre. Originaire du centre de la Chine, il a été introduit et cultivé au Japon. On ne l'a introduit en Europe qu'en 1834, et, aujourd'hui, on peut le rencontrer dans les parcs d'Europe occidentale et méridionale. En Europe centrale, on ne le plante que dans les endroits abrités, au climat doux. Sensible au froid, il fleurit et fructifie bien dans les régions viticoles. Les gels de −20 °C l'endommagent irrémédiablement: les arbres des régions de Stockholm, de Varsovie ou de Kiev sont touchés jusqu'aux racines. Le Paulownia pousse rapidement sur les sols frais et fertiles (à dix ans, il mesure 5 mètres), alors que sur les sols pauvres, sa croissance est bien plus lente. Il rejette facilement de souche: les rejetons des individus touchés par le gel mesurent jusqu'à 2 mètres de long. Essence de lumière, le Paulownia est très apprécié dans les régions chaudes comme arbre d'ornement, à cause de ses grandes feuilles et de ses panicules de fleurs violacées. Les boutons de fleurs s'annoncent dès la fin de l'été, passent l'hiver sous cette forme, pour fleurir en mai de l'année suivante, au moment de la feuillaison. Les graines du Paulownia contiennent plus de 20 % de graisse qu'on utilise pour la fabrication de laques. Son bois est léger, tendre, mais pérenne.

Le Paulownia atteint la taille de 15 mètres environ. Une écorce fine, gris foncé, recouvre son tronc. Les bourgeons et les feuilles sont opposés. Les feuilles, longues de 15 à 25 cm, sont largement ovées, entières, à la base arrondie, parfois avec trois lobes à peine esquissés (1). L'envers des feuilles est roux tomenteux. Les rejetons des arbres endommagés par le gel portent des feuilles longues de 50 cm. Les fleurs (2) sont rassemblées en panicules dressées, longues de 15 à 20 cm. Les fleurs ont des corolles violacées, campanulées, de 5 à 6 cm de diamètre, avec des taches sombres et des stries jaunes à l'intérieur. Le fruit est une capsule brune ovoïde et ligneuse (3), longue de 3 à 4 cm. La capsule mûrit au mois d'octobre, puis s'ouvre par deux valves pour libérer une multitude de menues semences ailées (chaque capsule peut en contenir jusqu'à 2000). Les graines gardent leur faculté de germination jusqu'au printemps.

2
3
1
2

Catalpa commun
Catalpa bignonioides WALT.

Bignoniacées
Bignoniaceae

Bois Chavanon
Catalpa speciosa WARD.

Le Catalpa commun est un arbre dont la taille ne dépasse pas 15 mètres. Originaire du sud-est des États-Unis, il est surtout commun en Georgie et dans le Mississippi. Il s'y cantonne dans les endroits fertiles, chauds et abrités et dans les forêts caduques des bassins fluviaux. Les jeunes arbres poussent rapidement dans les régions chaudes: à vingt ans, ils atteignent la taille de 7 à 8 mètres. Ses grandes feuilles vert tendre et ses panicules dressées de fleurs blanches sont très décoratives. Le Catalpa commun a été introduit en Europe en 1726, et aujourd'hui, on le cultive dans les parcs d'Europe occidentale, centrale et méridionale, comme bois d'ornement.

Le Bois Chavanon *(C. speciosa),* souvent confondu avec l'espèce précédente, est encore plus fréquent en Europe. Le Bois Chavanon pousse à l'état sauvage aux États-Unis, dans le Missouri, dans l'Indiana et le Kentucky. Il apparait surtout dans les bassins fluviaux, sur les sols humides. Il s'adapte plus facilement aux sols légers et sablonneux, et résiste mieux au froid que le Catalpa commun. Il fleurit quinze jours avant le Catalpa commun, ses fleurs sont plus grandes et présentées en panicules plus lâches. Le Bois Chavanon n'a été introduit en Europe qu'en 1800 et, depuis, on le plante fréquemment comme arbre d'ornement ou d'alignement. Son bois léger, qui résiste bien à la putréfaction, est utilisé en construction, pour la fabrication de poteaux télégraphiques, etc.

C. bignonioides

C. speciosa

Le tronc du Catalpa commun est courbé, recouvert d'une écorce en écailles, craquelée, portant une couronne ample. Les bourgeons sont disposés en verticilles de 3. Les feuilles largement ovées, à la base cordée (1), longues de 10 à 25 cm, dégagent une mauvaise odeur lorsqu'on les froisse. Les fleurs blanchâtres, de 3 à 4 cm de diamètre, portent un dessin jaune et violacé. Elles se présentent en panicules dressées (2) et s'épanouissent au mois de juillet. Le fruit est une capsule cylindrique de 20 à 40 cm de long sur 8 mm de large (3) qui mûrit en octobre. Elle abrite des graines plates, longues de 2,5 cm, portant des touffes de poils.

Le Bois Chavanon est un arbre assez robuste qui atteint une taille de 25 mètres. Ses feuilles inodores et plus grandes que celles de l'espèce précédente, mesurent 40 cm environ. Les fruits sont des capsules allongées, larges de 12 mm (4).

2
3
4
1

Frêne commun ou **élevé**
Fraxinus excelsior L.

Oléacées
Oleaceae

Le Frêne commun est un arbre haut, au tronc droit, au houppier lâche, porté haut. Il pousse à l'état sauvage en Europe occidentale, centrale et méridionale. Dans les régions septentrionales, on peut le rencontrer en Grande-Bretagne, en Scandinavie, dans la région du golfe de Finlande, jusqu'à la Volga. Il est surtout fréquent dans les forêts qui longent les cours d'eau. Recherchant un terrain fertile et humide, il évite toutefois les sols détrempés aux eaux stagnantes. Le long des ruisseaux, sur les éboulis, il arrive à monter jusqu'à une altitude de 1000 mètres. Dans les endroits froids, les gelées tardives abîment les rameaux bourgeonnants. Jeune, le Frêne commun pousse bien à l'ombre et parvient à se régénérer spontanément dans la strate arbustive. En grandissant, il a besoin de plus en plus de lumière. Son appareil racinaire fortement ramifié fixe, avec efficacité, les berges des cours d'eau. Il rejette facilement de souche et pousse rapidement: à vingt ans, il mesure 8 à 9 mètres de haut. Sa longévité varie entre deux cents et trois cents ans. Son bois dur et élastique convient parfaitement à la fabrication du matériel sportif, des remorques en bois et des meubles. Les Romains connaissaient déjà la flexibilité du bois du Frêne et l'utilisaient pour la fabrication de lances. Dans les parcs et dans les allées, on plante souvent les cultivars du Frêne, tels que le 'Pendula' aux rameaux tombants, le 'Nana' à la couronne globuleuse ou le 'Diversifolia' aux feuilles simples.

Le Frêne commun atteint une taille de 35 mètres. Son tronc est recouvert d'une écorce grisâtre, finement fissurée. En hiver, on le reconnaît à ses bourgeons noirs opposés (4). Les feuilles imparipennées, longues de 20 à 30 cm, se composent de neuf à treize folioles lancéolées, longues de 6 à 12 cm (1). Les folioles ont l'apex pointu et le bord denté. La floraison a lieu avant l'apparition des feuilles. Les fleurs sont disposées en petits bouquets, sur les extrémités de rameaux (2). Dépourvues de pétales, elles sont très discrètes. Les fruits sont des samares plates (3), munies d'une aile brune, de 3 à 4 cm de long sur 8 mm de large. Elles se présentent en grappes pendantes qui persistent sur l'arbre pendant presque tout l'hiver.

1
2
3
4

Frêne d'Amérique — Oléacées
Fraxinus americana L. — *Oleaceae*

Le Frêne d'Amérique est le plus répandu des espèces nord-américaines appartenant à la même famille. Son aire d'extension occupe l'est des États-Unis, depuis la Caroline du Sud et le Tennessee jusqu'au Nouveau-Brunswick et l'Ontario, au Canada. Il pousse, de préférence, dans les forêts caduques des terrasses alluviales et des terrains humides qui longent les cours d'eau. Il s'accommode mieux que le Frêne commun des inondations périodiques et des sols détrempés. Il supporte mieux aussi les sols pauvres et les gelées tardives qui ne l'abîment pas, car il bourgeonne plus tard que le Frêne commun. Toutefois, lui aussi, se plaît à l'ombre lorsqu'il est jeune, et ce n'est que plus tard qu'il commence à rechercher un meilleur ensoleillement. Le Frêne d'Amérique a été introduit en Europe en 1724. Il s'y est acclimaté et aujourd'hui, il supporte même le climat froid de la Suède ou de la région de Leningrad. On le plante surtout comme arbre d'ornement ou d'alignement, mais on le cultive moins pour son bois qui n'est pas d'aussi bonne qualité que celui du Frêne commun. En Europe, on cultive également une espèce très proche du Frêne d'Amérique, le Frêne rouge ou pubescent *(F. pennsylvanica* MARSH.*)* qui se distingue par ses rameaux duveteux et par ses folioles étroitement lancéolées, longuement acuminées, au bord denté.

Le Frêne d'Amérique atteint une taille de 30 mètres et un diamètre de 1 mètre. Le tronc est recouvert d'une écorce grise, assez profondément cannelée dans le sens de la longueur. Les bourgeons sont brun-roux. Les feuilles imparipennées, longues de 20 à 25 cm, se composent, dans la plupart des cas, de sept folioles (1). Les folioles sont ovées, longues de 7 à 12 cm, entières ou dentées au sommet. Leur envers est glabre. Les fleurs (2), comme celles du Frêne commun, sont dépourvues de pétales. Le Frêne d'Amérique est un arbre dioïque: les fleurs mâles et femelles s'ouvrent sur des pieds distincts. Le fruit est une samare fusiforme ailée, de section arrondie, longue de 4 cm environ. L'aile décurrente est deux fois plus large que la samare (3). Le fruit mûrit en octobre, et la graine germe dès le printemps suivant.

3
1
2 ♂
♀

Frêne à fleurs ou **Orne** — Oléacées
Fraxinus ornus L. — *Oleaceae*

Le Frêne à fleurs se reconnaît à la matière sucrée, appellée manne, qui exsude de son tronc en été. Originaire du sud de l'Europe, le Frêne à fleurs est surtout répandu en Italie et dans les Balkans. A l'ouest, il pénètre en Espagne, au nord, en Suisse, en Autriche, en République tchèque et en Slovaquie. Il pousse de préférence sur les versants secs, tournés vers le soleil, associé aux Chênes, aux Bois de Sainte-Lucie et aux Ostryas. Dans les Balkans, il monte jusqu'à une altitude de 1000 mètres. Arbre de lumière, il n'a pas d'exigences particulières quant à l'humidité et la fertilité du sol. Il s'accommode même des sols très secs, de sorte qu'on l'utilise pour reboiser les régions karstiques. Pendant les canicules d'été, la manne sourd de son tronc et se fige lorsque le temps se rafraîchit, au crépuscule. Parfois, on gemme les Frênes à fleurs pour en recueillir la manne qui est utilisée dans l'industrie pharmaceutique. En effet, elle calme la toux et facilite la digestion. Le Frêne à fleurs fleurit quinze jours après le Frêne commun. Sa floraison est très décorative, de sorte qu'on le plante, dans certains endroits, à titre ornemental dans les parcs.

La taille du Frêne à fleurs ne dépasse pas 8 à 15 mètres. Son tronc est recouvert d'une écorce grisâtre lisse, sa couronne est dense, arrondie. Les bourgeons sont gris violacé, le bourgeon terminal étant beaucoup plus grand que les bourgeons axillaires (4). Les feuilles imparipennées, longues de 25 à 30 cm, se composent de cinq à neuf folioles ovées (1). Les folioles, longues de 5 à 7 cm, ont un court pétiole et le bord denté. Leur largeur varie suivant la variété. Les fleurs unisexuées se présentent en panicules dressées, longues de 20 cm environ (2). La corolle se compose de quatre pétales blancs. Les fleurs mâles ont des étamines aux longs filets qui portent des anthères. Le fruit est une samare munie d'une aile mince, longue de 2,5 cm (3).

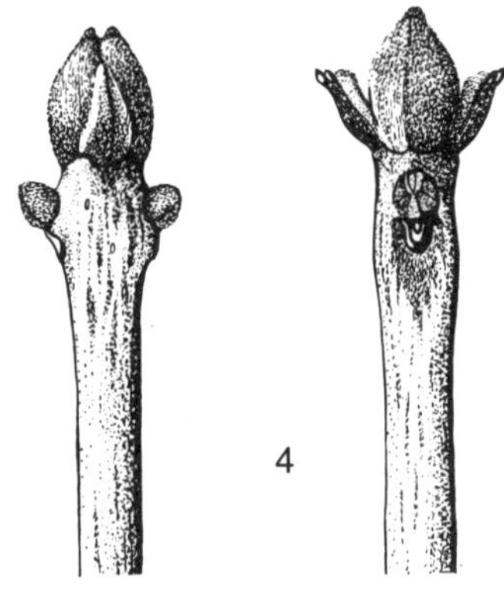

4

2
1
3

Sureau noir Caprifoliacées
Sambucus nigra L. *Caprifoliaceae*

Le Sureau noir est commun dans presque toute l'Europe. Au nord, on peut le rencontrer en Écosse, dans le sud de la Suède, dans les pays baltes. Au sud, il pénètre dans la partie occidentale de l'Asie. Il pousse spontanément dans les forêts de feuillus comme dans celles de résineux, sur les terrains incultes, sur les dépôts d'ordures et dans les jardins laissés à l'abandon. On le rencontre en plaine et en montagne, jusqu'à une altitude de 1000 mètres. Il a une préférence pour les sols riches en azote. Dans certains endroits, le Sureau noir est cultivé comme plante médicinale. La médecine populaire connaissait les propriétés curatives de ses fleurs et de ses fruits; la pharmacologie moderne utilise, en plus, les feuilles et l'écorce. Le bois du Sureau, jaune crème, est dur et résiste bien à la putréfaction. On l'utilise, par exemple, en viticulture, comme tuteur de la vigne. Les feuilles mortes du Sureau noir améliorent le sol et ses racines fixent les terrains en pente.

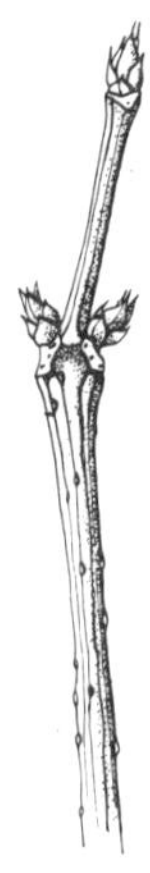

4

Le Sureau noir est un arbuste ou un arbrisseau à la couronne arrondie, qui peut atteindre une taille de 8 mètres et 40 cm de diamètre. L'écorce sur les vieux spécimens est gris foncé et profondément cannelée. Les bourgeons opposés sont partiellement protégés par des écailles (4). Les rameaux gris abritent une moelle blanchâtre importante. Les feuilles imparipennées, longues de 30 cm, se composent de cinq à sept folioles (1). Celles-ci, de 6 à 12 cm de long, sont ovées - lancéolées, pointues, au bord grossièrement denté. Elles dégagent une odeur désagréable lorsqu'on les froisse. Les fleurs, blanc jaunâtre, bisexuelles, sont réunies en corymbes ombelliformes (2), larges de 12 à 20 cm. La floraison a lieu en juin. Les fruits, baies bleu-noir, luisantes, de 5 mm de diamètre, se présentent en grappes abondantes (3). Elles mûrissent en septembre. Charnues, elles contiennent un suc rouge violacé. Chaque baie abrite trois graines en forme de gouttelettes.

3
2
1

Index des noms français

Index des noms latins

Table